후회없이 살기 위해
더 늦기 전에 꼭 해야 할 일

후회없이 살기 위해
더 늦기 전에 꼭 해야 할 일

3판 1쇄 발행 2022년 5월 25일
3판 2쇄 발행 2024년 11월 25일

지은이 ㅣ 오그 만디노
펴낸이 ㅣ 이현순
펴낸곳 ㅣ 백만문화사

출판신고 ㅣ 2001년 10월 5일 제2013-000126호
주소 ㅣ 서울시 마포구 토정로 214번지
Tel ㅣ 02)325-5176 Fax ㅣ 02)323-7633
전자우편 ㅣ bmbooks@naver.com
홈페이지 ㅣ http://www.bm-books.com

Translation Copyright© 2019 by BAEKMAN Publishing Co.
Printed & Manufactured in Seoul, Korea

ISBN 979-11-89272-30-2 (03320)
값 16,000원

Things you must do before
it's too late to live without regrets.

후회없이 살기 위해
더 늦기 전에 꼭 해야 할 일

오그 만디노 지음

백만문화사

행복하고 멋진 인생을 위한 지혜

인생은 항상 우리가 원하는 대로 움직이지 않는다. 만약 인생이 우리가 원하는 대로만 움직여준다면, 사는 것이 좀 더 쉽고, 공정하고 재미있을지도 모른다. 고통이나 괴로움도 없고 일할 필요도 없을 것이다. 또 늘 행복할 수도 있을 것이다. 그러나 불행히도 우리는 인생을 우리가 원하는 대로 살 수는 없다. 그래서 현실을 직시할 줄 알아야 한다. 현실은 우리에게 좋은 스승이 될 수 있다. 현실은 때로는 느리고 고통스럽지만, 우리가 인생에서 가장 가치 있는 교훈들을 배우도록 도와주기 때문이다. 그 교훈 중 하나가 '세상은 우리를 행복하게 해주려고 애쓰지 않는다.'는 점이다. 우리가 좋아하든 좋아하지 않든 이는 살면서 꼭 알아야 할 진리 중 위 하나이며, 현실에 대해 우리가 배워야 할 가장 가치 있는 교훈 중의 하나이다. 만약 우리가 인생을 그대로 이해하고 받아들이지 않는다면, 우리는 끊임없이 다른 것을 추구하면서도 결코 그것을 얻지 못할 것이다. 또 모든 일이 우리 뜻대로 불평하면 징징거릴 것이다. 세상이 우리를 행복하게 해주지 않는다는 것을 이해하게 되면, 우리는 우리 자신에게 주어지는 책임을 받아들이게 된다. 그리고 우리

스스로 행복해지려고 노력하고 지혜를 찾게 된다. 우리의 인생은 순간순간 무한한 연속이다. 지난 일은 우리의 기억 속에 남아 과거가 되어 버렸고, 앞으로 다가올 일들과 우리가 상상하고 있는 미래가 우리 앞에 존재하고 있다. 행복하고 멋진 인생은 멀리 있는 것이 아니다. 과거의 기억 속에 존재하는 것은 더욱 아니며, 또한 상상의 미래 속에서도 존재하지 않는다. 바로 지금 여기에 존재한다. 따라서 현재에 최선을 다하는 것이 멋진 인생을 살고 행복을 찾는 지혜이다. 우리가 살고 있는 이 순간, '지금 여기'에 전념함으로써 멋진 인생을 건설하게 되는 것이다. 그러나 멋지고 행복한 인생을 만들기 위해서는 여러 가지 지혜가 반드시 필요하다. 그저 주먹구구식으로 살아서는 안 된다. 이 지혜는 지금까지 멋진 인생을 살아간 현인들로부터 빌린 지혜이기도 하다. 필자는 후회 없이 멋지게 살기 위해서는 어떻게 살아야 하는지를 필자가 그동안 살아오면서 나름대로 느끼고 깨달은 지혜를 사람들에게 알려주기 위해서 본서를 집필하였다. 후회 없이 멋지게 사는 지혜는 무슨 거창한 것이 아니라 한 마디로 한 번뿐인 인생을 실패하지 않고 성공적으로 사는 것이다. 성공적인 삶을 보낼 때 후회도 하지 않는다는 것이다. 독자들은 본서를 통해서 두 번 다시 오지 않는 인생, 리허설도 없는 인생, 무엇보다도 가장 소중한 인생을 후회 없이 보람 있게 살게 될 것이다.

_저자 오그 만디노

후회 없이 살기 위한 지혜

사람들은 대부분 영원히 살 것처럼 느긋하게 살아간다. 여유를 부리고 자신의 인생에는 어떤 불행한 일도 일어나지 않고 마지막이 언젠가는 찾아온다는 사실을 잊고 산다. 그런데 어느 날 갑자기 예기치 못한 일이 일어난다. 다른 사람에게만 일어나고 자신에게는 절대로 일어나지 않을 것 같았던 일이 일어난다. 그 뿐 아니다. 자신의 인생에는 마지막이라는 엄청난 비극은 결코 먼 날의 이야기인 줄 알고 까마득히 잊고 살았는데, 어느 새 준비할 때가 찾아온다. 오늘날 휴대전화가 발달되면서 많은 서비스가 이루어지고 있다. 시내버스 도착 시간에서부터 자신이 찾고 있는 것은 무엇이나 알려주는 등 수많은 서비스가 이루어지고 있다. 그런데 만일 '내일이 당신 인생의 마지막 날'임을 알려주는 서비스가 있다면, 당신은 얼마를 주고 가입하겠는가? 무엇보다도 중요한 것은 생각지도 않고 살고 있었는데 어느 날 갑자기 "내일이 당신의 인생의 마지막 날입니다."라는 안내 전화가 왔다면, 그것도 지금까지 많이 듣던 익숙한 목소리로 왔다면 오늘 하루를 어떻게 살겠는가? 그런 서비스에 가입을 했든지 안 했든지 간에 이 세상에 태어난 사람은 지위 고

하를 막론하고 그 소식을 반드시 듣게 된다. 문제는 그 때까지 어떻게 살았느냐 하는 것이다. 토스토예프스키가 시베리아 허허벌판에서 영하 40도를 오르내리는 혹한에 사형장에 끌려갔다. 도착해서 이제 남은 시간은 5분밖에 남지 않았다. 그 5분을 어떻게 보낼 것인가를 생각했다. 2분은 옆에 같이 묶여 있는 동료와 작별 인사를 하고 나머지 3분은 지나온 삶을 되돌아보기로 했다. 동료에게 인사를 하자 이제 3분이 남았다. 그때 지나온 삶을 되돌아보는 순간 황제의 특사가 달려와서 사형을 모면했다. 그 후 그는 그 때 5분을 생각하고 순간순간을 진지하게, 후회 없는 삶을 살려고 노력했다. 사람은 누구나 이 세상에 태어나서 평생을 사는 동안 반드시 마지막 거대한 장막이 내리는 순간을 맞이한다. 과거와 현재, 그리고 미래가 끝나는 순간이 온다. 그 때가 언제인지 모른다. 앞으로 20년 후 또는 30년 후일 수도 있다. 아직 멀고 요원한 일같이 느껴지지만 그렇게 길게만 느껴졌던 시간은 순식간에 지나간다. 남은 삶이 얼마인지 모르지만 그때까지 해야 할 일이 있다. 반드시 부여받은 사명도 있다. 그것이 무엇인지에 대해서는 사람마다 다를 것이다. 그것을 찾아서 전력투구하여 완성할 때. 장막이 내리는 순간 후회하지 않는다. 그 일이 무엇이든지 늦기 전에 반드시 해야 한다. 본서의 저자 오그 만디노는 후회 없이 살기 위해서 반드시 해야할 일로 먼저 인간관계를 뽑았다. 인간관계만큼 중요한 일이 없기 때문이다. 그래서 그의 좌우명은 "당신이 만나는 사람들이 이 세상에서 마지막 날을 보내고 있다는 생각을 하고 대하라."는 것이다. 후회 없이 살기 위해 반드시 해야 할 일은 사람마다 다를 것이다. 처한 환경이나 생각에 따라 다를 수 있다. 그것이 무엇이든지 하기 위해서는 성공적인 삶을 살지 않으면 안 된다. 성공적인 인생을 보내는 것이 곧 후회 없이 사는 것이 아니겠는가? 본서의 저자 오그 만디노는 성공적인 삶을 위해서 반드시 해야 할 일이 무엇인지에 대해서 본서에 명쾌하게 제시하였다. 따라서 누구나 본서를 읽게 되면 인생의 참된 의미를 깨닫고 보람 있게 살게 될 것이다. 따라서 미래를 꿈꾸는 학생들을 비롯하여 직장인들, 주부 등 인생을 어떻게 살아야 하는 것인가에 대해서 고민하는 사람들은 누구나 한 번 읽어 보기를 권한다. 그러면 지금까지 깨닫지 못한 지혜를 얻게 될 것이다.

_편역자 김은주

차례

Things you must do before
it's too late to live without regrets.

chapter 01

진정한
성공의 의미를
깨닫는다

1. 진정한 성공의 5가지 요소

많은 사람들은 행복한 삶을 살기 위해서는 성공해야 한다고 생각 한다. 그러면 성공이란 무엇을 말하는 것일까? 성공에 대한 정의부터 먼저 생각해 보기로 하자. 오늘날 물질적인 부만을 성공이라고 생각하기 때문에 어떻게 보면 우리 시대에 가장 큰 실패로 볼 수 있는 것을 성공이라고 주장하는 사람들이 있다. "저는 부유함도 겪었고, 가난함도 겪어 보았지만, 역시 부유함이 훨씬 좋더군요."

어느 토크 쇼에서 사회자가 하는 말이다.

대부분의 사람들은 그 말을 긍정한다. 얼굴에 웃음을 띠우고 고개를 끄덕일 것이다. 과연 그럴 것일까?

미국의 최고 부자 하워드 휴거가 최고의 부를 거머쥐었을 때 가장 행복했고, 더 많은 평화가 그의 마음에 깃들었을까?

최고의 인기를 누렸던 영화배우가 다이아몬드가 가득한 안

전 금고를 가지고 있고, 그녀의 네 번째 남편을 버리고 다섯 번째 남편을 택했을 때 그녀에게 더 많은 만족이 있었을까?

후회 없는 삶을 살기 위한 성공은 도대체 어떤 것이라고 생각하는가? 성공을 어떻게 생각하고 무엇을 성공으로 보는가?

〈성공은 당신 마음 속에 있다〉의 저자 하워드 휘트먼(Howard Whitman)에 의하면 성공에 두 가지 기준이 있다.

성공의 두 가지 기준

성공에는 두 가지 기준이 있다. 첫째는 다른 사람이 당신을 성공한 사람으로 보는가 하는 것이고, 당신 자신 스스로가 그렇게 생각하느냐 하는 것이다. 당신 스스로 성공했다고 생각하지 않으면 아무 소용이 없다. 세상 사람 모두가 당신이 성공했다고 해도 그것은 무가치한 일이다. 성공이라는 것을 당신이 내적으로 느껴야 한다. 성공이라는 것은 반드시 세상 사람들의 인정을 필요로 하지 않는다. 외부 사람들의 생각이 우리 자신의 규정과 같지 않을 때, 우리가 외부 사람들의 생각에 맞추려고 한다면 문제가 따르기 마련이다.

우리는 누구를 위해 성공해야 하는가? 우리 자신을 위해서인가? 아니면 다른 사람들을 위해서인가?

성공이 의미 있는 것이 되기 위해서는 개인적인 것이 되어야 한다. 성공은 사람에 따라 다르다.

성공은 개인의 내면적인 것에서 나온다. 간혹 성공에 대해 우리 자신의 생각을 스스로 정리해 보는 것은 참으로 의미 있는 일이다. 우리는 흔히 아무런 생각 없이 성공의 패턴을 외적인, 세상 사람들에게 맞추려고 한다. 그것은 마치 다른 사람들의 생활 영역에서 자신의 성공을 맞추려고 하는 것과 같다.

노벨 문학 수상자인 윌리엄 포그너(William Faukner)는 이렇게 말했다.

"나는 방랑자로 태어나서 아무 것도 가진 것이 없을 때 가장 행복했습니다. 나는 그 때 큰 주머니가 달린 방수 외투만을 입고 다녔습니다. 그리고 그 주머니에 양말 한 켤레와 셰익스피어의 작품 한 권 그리고 위스키 한 병을 넣고 다녔습니다. 그 때 나는 행복했고, 그 무엇도 원치 않았으며, 어떤 책임도 지지 않았습니다."

오늘날처럼 물질 만능 시대에 이런 성공과 행복의 정의를 지지 않는 사람이 많을 것이다. 그러나 당신은 윌리엄 포그너에게 당신과 똑같은 부정을 하게 할 수는 없을 것이다. 포그너의 정의는 솔직한 그의 심정을 설명했고, 또 자신에게 정직했다.

그러면 행복이 느껴지는 진정한 성공이란 어떤 것일까? 진정으로 행복을 가져다주는 성공에는 다음의 5가지 요소가 들어 있어야 한다.

성공의 첫 번째 요소

첫째, 성공의 첫 번째 요소는 목적이다.

우리가 무엇을 하든 그 일에는 목표가 있음을 알아야 한다. '목적이 없다'는 것은 성공하려는 사람에게 있어서 가장 나쁜 적이다. 어느 누구든 자신의 삶이 늪에 빠져 있으면 자신의 삶이 성공적이라고 말할 수 없다. 그러나 목표를 가지고 있다면 그의 정력과 창의력이 그 늪에서 빠져 나오게 할 수 있으며 어떤 좋은 곳으로 인도해 줄 것이다. 그리고 그 나아가는 과정에서 만족감을 느끼게 된다. 그러나 '어느 곳으로 가고 있는지'모를 때에는 절망감밖에 느끼지 못할 것이다.

24세의 한 젊은 여성이 자살을 하려고 강에 뛰어들었다. 이때 한 청년이 그녀의 모습을 보고 물속으로 뛰어들었다. 그런데 그 청년은 수영을 못했다. 하지만 그는 그 사실을 잊어버리고 사람을 구하겠다는 생각으로 물속으로 뛰어내렸던 것이다.

그는 당연히 물속에서 허우적거렸고, 익사 직전에 이르렀다. 바로 그 순간 그 젊은 여인은 자신이 자살하겠다는 생각을 잊어버리고 그 청년을 향해서 헤엄쳐 나아갔다. 그리고는 물을 먹고 헐떡거리는 그 청년을 물가로 끌어내었다. 그녀는 자신의 인생을 마감하려는 원래의 의도와는 달리 한 사람의 생명을 구하게 되었던 것이다. 그녀는 그 청년이 살려고 허우적거리는 모습을 보는 순간, 지금까지 느껴보지 못했던, 그 무엇, 즉 삶의 목적을 깨닫게 되었던 것이다. 물속에 뛰어들어서 자살하려고 했던 것은 그녀의 절망감이었지 그녀의 정신은 아니었던 것이다. 그녀는 가장 극적인 순간에 삶의 이유를 깨닫게 되었던 것이다. 그리고 그 청년을 강가로 안전하게 끌어낸 후 새로운 삶의 기회가 주어진 것이다.

우리는 고의적으로 이런 경우를 당할 수는 없다. 그러나 우리가 어떤 목표를 향해 나아갈 때 지금까지 느껴보지 못한 활기와 생기를 느끼게 된다.

참된 성공은 목적이 있어야 한다. 그렇지 않은 한 그 성공은 참다운 성공이라고 할 수는 없다.

성공의 두 번째 요소

성공의 두 번째 요소는 야구의 타율과 같다.

성공은 시종일관 계속되는 것은 아니다. 인간은 신이 아니므로 하는 일마다, 매일같이 언제나 성공할 수는 없다. 오히려 실패라는 계곡을 통해 성공이라는 강도가 더 강해질 수 있다. 아무리 훌륭한 타자라고 하더라도 매번 안타를 칠 수 없다.

최근에 필자는 어느 유명한 TV 피디를 만났다. 그는 하는 작품마다 성공시킨다. 그는 현재 매우 복잡한 프로를 맡아 진행하고 있는데, 과거의 명성과는 달리 실패작이라고 할 수 있다. 그런데 그는 필자에게 이렇게 말했다.

"사람들이 '완전'이라는 절대적 기준에 근거하여 매일의 성과를 판단하려고 합니다. 미칠 지경입니다. 내가 시도하고자 하는 것은 좋은 타율입니다. 저는 때때로 파울을 범하기도 합니다. 저는 1루타나 2루타를 치게 되거나 홈런을 치기까지 때로는 실책이나 삼진 아웃을 당하기도 합니다. 그러나 저는 그런 것은 개의치 않습니다."

후회 없는, 성공적인 삶의 과정에는 슬럼프도 있고, 실패도 있을 수 있다. 또 완전히 절망적인 순간을 맞이할 수도 있다. 이런 것들은 인생에 대한 희망을 꺾는 것이 아니라 성공이 쉽지 않다는 것을 보여주는 실패이다. 세상에는 실패를 견디지 못하는 사람도 있다. 실제로 그런 사람은 성공을 음미할 수 없는 사람이다. 또 그들은 평범한 사람들 틈에서 벗어나지 못하는 사람들이다. 그래서 그들은 실패조차 두려워한다.

확신을 가진 사람들은 때때로 맞이하게 되는 실패를 능히 소화할 것이다. 성숙한 그들은 그 실패가 불가피하다는 것을 알고 있다. 실패에 대해 초조함을 느끼면 그로 인해 에너지만 소모되는 것이 아니다. 그 대신 그들은 목표 달성을 위해 더 많은 정력을 쏟게 된다.

성공의 세 번째 요소

성공의 세 번째 요소는 성공에 대한 대가이다.

성공은 공짜로 얻어지는 것이 아니다. 우리 시대에 가장 바람직하지 못한 현상은 노력 없이 무엇을 얻으려고 하는 것이다.

고생을 모르고 자신이 바라던 것을 얻고서도 기쁨이나 행복을 누리지 못하여 정신병원을 찾는 사람들이 많다. 성공의 기쁨은 그 성공을 얻고자 하는 노력과 균형을 유지해야 한다. 그것은 우리 모두에게 주어진 것이다.

　최근 오베린 대학에서 피아노를 제조하는 스타인웨이 사장 데오드르 E.스타인웨이에게 표창장을 수여했다. 스타인웨이 회사는 피아노를 연간 34만 2천 대를 생산하고 있다. 이 피아노는 세계적으로 유명한 음악가들로부터 최고의 사랑을 받고 있다. 그래서 표창장에는 이렇게 기록되어 있다.

　'스타인웨이사가 제작한 243대의 그랜드 피아노의 위대한 점은 그 피아노의 팽팽한 줄이 무려 4만 파운드의 힘을 발휘한다는 점이다. 이 회사는 고도의 긴장 가운데에 훌륭한 조화가 이루어질 수 있다는 불멸의 증거를 제시했다.'

　우리가 얻은 기쁨의 절반은 노력으로 이루어진다.

성공의 네 번째 요소

　성공의 네 번째 요소는 만족이다.

　만족이 없는 성공은 결코 진정한 성공이라고 할 수 없다. 사람에 따라 기호식품으로 육식과 채식이 다르다. 마찬가지로 재물을 모으는 데 만족을 느끼는 사람이 있는가 하면, 시를 쓰는 데에 삶의 만족과 기쁨을 느끼는 사람이 있다. 따라서 재물을 모으지 못했다고 해서 또는 시를 쓰지 못했다고 해서 그가 성공을 거두지 못했다고 말할 수는 없을 것이다.

　성공은 누리는 것이 아니라 누림을 받는 것이다. 그리고 그 성공은 눈물로서 얻을 수 있고, 웃음으로 얻을 수도 있다. 노력은 참으로 가치 있는 것이다. 노력을 통해서 유익하고 훌륭한 것을 얻게 되니까 말이다.

내적인 기쁨이 없는 참된 성공이 아니다. 그 내적 기쁨이란 곧 만족을 의미한다. 그런데 우리 시대에 많은 사람들이 성공을 외적인 것에서 찾고 있다. 그래서 성공을 하고서도 성공을 느끼지 못하고 있다.

"나는 계획을 세워 열심히 일했다. 그런데 나는 과연 무엇을 위해 일했는가?"하고 탄식을 하게 된다.

성공의 만족감을 자신이 느끼는 한 다른 사람으로부터 인정을 받을 필요는 없다.

낮은 보수와 열악한 환경에서 일하는 선생님들은 사회에서 성공한 사람으로 인정받지 못할 수도 있다. 그러나 자신의 직업에 대해서 자부심이 있고, 자신이 좋아하고 있는 일을 하고 있다는 확신이 있다면 성공자로서의 필수적인 요소는 그에게 주어진 것이다. 이 성공의 요소는 개인으로 자신에게 달려 있는 것이다.

성공의 다섯 번째 요소

성공의 다섯 번째의 요소는 정신적인 것이다.

어느 누구도 자신이 한 일이 삶의 훌륭한 목적과 관련되어 있다고 느끼지 못한다면 스스로 성공했다고 느끼지 못할 것이다. 어떤 직업에 종사하든지 그 일에서 정신적인 것을 느껴야 한다. 이것은 지극히 개인적인 문제이다. 물론 성공한 은행가와 성공한 노동자가 정신적으로 똑같은 것을 느낄 수는 없다. 하지만 그 느낌에는 차이가 있을지라도 조화와 균형을 이룰 수가 있다. 중요한 것은 어떤 직업에 종사하느냐, 어떤 분야에서 일하느냐가 아니라 일과 생활의 균형을 유지하느냐 하는 것이다. 사회의 이익과 자신의 일과 균형을 이루느냐 하는 것이다.

성공은 자유를 제한하기 위해 수갑을 채우는 일이 아니다. 또한 성공은 모든 사람들에게 공통적인 성격을 지니지도 않는다. 그것은 고정적인 형태를 유지하는 것이 아니다. 그것은 우리의 지문이 다르고 시각이 다르듯이 개인적인 것이다. 단지 우리가 필요로 하는 것은 스스로를 깨닫고 존재의 가치가 있음을 확신할 수 있는 일이다.

2. 도전 그 자체도 성공이다

우리 인간은 안전에 대한 강박관념 때문에 '조심'이라는 단어에 지나치게 신경을 쓰고 있다. 그러나 사실은 그것에 속고 있는 것이다. 당신도 그런 사실을 알고 있다.

흔히 많은 사람들이 직업을 그것을 회피방법으로 삼으려 한다. 그래서 나는 변호사, 또는 교사이니 생활에 대한 걱정이나 불안은 없다고 말한다. 또 배우자의 업적에서 그 의미를 찾으려는 사람도 있다. 대개 정치가, 기업가, 성직자, 변호사, 배우의 경우에서 그런 현상을 볼 수 있다. 즉 그들은 새로운 것에 대한 도전을 피하고, 배우자의 성공을 대신 누리면서 자신들의 생활에서 의미를 찾으려고 한다. 특히 의사 부인들에게서 이런 현상을 많이 보게 된다. 나는 잘 살고 있기 때문에, 또 상당한 교육을 받았기 때문에 미래가 더 좋아질 것이라는 막연한 기대를 한다. 이런 생각은 공허한 환상에 지나지 않는다.

찰스 디킨스는 정말 비극적인 하비샴 부인에 대한 이야기를 그의 소설을 통해서 잘 묘사하고 있다. 하비샴 부인은 약혼자에게 버림 받은 후 계속 침대에서 머물면서 겁을 내어 현실을 받아들이지 못한다.

우리도 그녀처럼 과거의 것에 대한 꿈이나 케케묵은 환상에 빠질 수도 있다. 토마스 올프도 그의 작품 〈그대 다시 고향에 돌아가지 못하리라〉에서 똑같은 점을 지적했다.

옛날의 생활방식과 습관을 버려라

믿을 수 없을 만큼 많은 사람들이 비참함이나 외로움 속에 살면서도 옛 생활방식이나 습관을 버리지 못한다. 왜 그럴까? 습관은 자아를 숨기기에 가장 적합한 것이기 때문이다.

세상에 많은 여자들이 알코올 중독자나 폭력을 휘두르는 남편과 결혼한 다음에는 그것을 알지 못했다고 변명한다.

또 어떤 사람들은 기존의 방식에 의존해 안전하게 살아가려고 한다. 물론 그들은 성취감을 느끼지 못한다. 그들은 성공방식을 알지 못하므로 단지 실패를 피하고자 한다. 그들은 살아 있지만 죽어 있는 것과 마찬가지이다. 인생에 있어서 안전만이 전부는 아니다. 인생은 피할 수 없는 위험을 수반하고 있다. 살아 있다는 사실도 행운으로 느껴질 때가 있다. 심장병, 교통사고, 각종 암, 실직, 기업도산 등 모든 나쁜 소식이 예고도 없이 우리를 찾아온다. 삶을 살면서 균형을 유지하기가 어렵다. 때로는 우리는 미래를 지나치게 과신한다. 어떤 때는 마음이 상하고 속았다는 느낌도 든다. 그리하여 삶을 포기하는 사람도 있다. 그러나 삶의 목적이 바로 이런 불행한 일을 피하는 방법이 될 수도 있다.

우리는 간혹 안전하고 타성에 젖어버린 일상생활과는 다른 방식으로 행동할 때도 있다. 이때 우리는 긴장을 하게 된다. 긴장이 심해지면 구토나 현기증을 느끼기도 한다. 만약 그 새로운 변화의 결과에 너무 오래 집착하면 공포가 우리 마음 깊은 곳에서 생겨나서 우리를 압도하게 된다.

생의 위협을 극복하는 일을 돈으로 투자하는 경우와 비교해보자. 아마도 투자에 대한 잠재적 수익은 어느 정도의 위험 수익을 나타내고 있다. 그러므로 위험이 크면 클수록 그 게임은 더욱 흥미로워진다.

삶의 다양한 변화를 꾀하라

시계는 계속 똑딱거리며 시간의 흐름을 가리킨다. 나이가 들면 시간이 더욱 빨리 흘러가는 느낌이 든다. 시간은 우리 임의대로 어떻게 조정할 수 없다. 하지만 처음 롤러스케이트를 배울 때의 2분은 재미없는 회의에 1시간 앉아 있는 것보다 더 긴장이 된다. 다양한 변화는 시간을 필요로 한다. 그리고 변화는 우리를 깨우쳐준다. 서로 다른 사람과 다른 장소에서 서로 다른 일을 해보라. 하루가 일주일처럼 느껴질 것이다. 열렬한 사람과 대화를 나눌 때의 느껴지는 긴장은 단순한 육체노동보다 더 크지만 성취감도 클 것이다.

삶은 어느 정도의 스트레스를 필요로 한다

인간은 어느 정도의 스트레스를 필요로 한다. 우리는 음식물을 섭취해야 생존할 수 있으며, 거기에 적응하도록 우리의 육체가 만들어졌다. 즉 어느 정도의 압박감이 필요하며, 스트레스가 없다면 균형을 유지할 수 없다.

많은 사람들은 예기치 못한 위험에 자신을 대피시키려고 노력한다. 그들은 결코 위협받기를 원치 않으며 외톨이가 되기를 원치 않는다. 따라서 그들은 먹을 것을 얻을 수 있는 최소한의 생활방식을 선택하고, 가능한 크게 신경을 쓰지 않고 낡은 습관에 안주하려고 한다. 그러나 인간은 어느 누구도 인간으로 살아가는 과정에서 오는 본연의 스트레스와 공허함은 피할 수 없다. 그 공허함은 내적으로 형성된 스트레스 즉 '걱정'으로 채워진다. 물론 많은 사람들은 자신의 위험을 작게 할 수 있는 생활방식을 원한다. 그 방식이 공허하고 짜증나는 생활임을 안다고 할지라도 그렇게 한다. 겉으로는 그렇지 않다고 말할지 모른다. 그러나 그들은 그런 방식으로 성장해 왔다.

부딪쳐 도전하라

성공을 원한다면 '위험은 어떤 것인가? 그리고 그에 대한 대가는 무엇인가?'라고 반문해보는 생활을 해야 한다. 그리고 위험을 극복하는 일이 성공의 일부가 된다는 생각을 하라. 반드시 큰 위험만을 생각할 필요는 없다. 또 우리가 모험에서 너무 많은 것을 얻으려고 하면 새로운 것을 배우기가 힘들다. 그러나 신중하게 위험의 내용을 살펴볼 필요가 있다.

한 번 부딪쳐 도전하라. 그리고 그것에 바람직한 위험이 수반하는지 잘 살펴보라. 어느 때는 안전만 보장한다면 모든 것을 포기할 수 있다는 생각이 들 것이다. 이 경우 최선의 방법은 역시 부딪쳐 보는 것이다. 새로운 것에는 항상 긴장이 따르기 마련이다. 당신 스스로 판단해야 한다. 그것이 무엇이든지 당신보다 뛰어난 사람이 있을 것이다. 중요한 것은 당신에게 생기를 불어넣어주고 활력소가 되는 일을 찾는 것이다. 동시에 생의 의미를 바람직한 긴장이나 위험과의 조화에서 찾는 것이다.

*Things you must do before
it's too late to live without regrets.*

chapter 02

성공자로서
합당한
정신 자세를
개발한다

1. 자신에게 주어진 축복을 깨닫는다

　해롤드 에보트(Harold Abbort)는 나의 친구로서 미조리 주에서 큰 농장을 운영하고 있다. 어느 날 나는 캔사스에서 그를 만나 그의 차를 타고 농장으로 가는 도중에 내가 그에게 걱정거리가 생기면 어떻게 해결하느냐고 물었다. 그 때 그는 자신이 겪었던 매우 감동적인 이야기를 들려주었다. 결코 잊을 수 없는 그의 이야기를 소개하고자 한다.

　"나는 그 당시 많은 걱정거리가 있었다. 그러던 어느 봄날 웹시의 웨스트 거리를 걷고 있었다. 거기서 나는 매우 충격적인 광경을 목도했으며, 약 10초 동안 지난 10년 동안 배운 것보다 더 많은 것을 배웠다. 그 당시 나는 웹시에서 식료품 상점을 운영하고 있었는데, 장사가 잘 되지 않아 그 동안 모았던 돈은 다 까먹고 이제 빚까지 지게 되어서 상점문을 닫아야 할 판이었다. 마지막으로 돈을 빌리기 위해 은행으로 가는 길이었다. 당연히 힘도, 의지도 없이 그저 터벅터벅 걷고 있었다. 그 때 마침 한 사람이 길 아래서 오고 있었는데 두 다리가 없어서 롤러 스케이트의 바퀴를 떼어 붙여서 만든 상자 위에 앉아서 양손을 이용하여 바퀴를 굴리면서 오고 있었다.

그는 나와 눈이 마주치자 미소를 지으며, "안녕하십니까? 선생님, 좋은 아침입니다." 하고 활기찬 목소리로 인사를 하는 것이었다. 나는 그를 보는 순간 마음에 큰 충격을 받았다. 말로 표현할 수 없는 커다란 감동이 가슴에 밀려오면서 나 자신이 부끄러웠다. 두 다리가 없는 저런 사람도 저렇게 행복한데 말이다. 그때부터 나도 행복할 수 있을 것이라는 생각이 들었다. 나는 당시 마이너 은행에 가서 1백만 달러를 융자 받을 생각이었으나 2백만 달러도 받을 수 있다는 용기가 생겨났다. 나는 2백만 달러 융자를 얻었다. 나는 그때부터 다음과 같은 말을 써서 벽에 붙여놓고 아침저녁마다 읽었다.

"나는 신발이 없어서 우울하다. 그런데 나는 거리에서 발이 없는 사람을 만났다."

어느 날 타임지에 이라크 전투에서 부상을 입은 한 병사에 대한 기사가 보도되었다. 그 병사는 포탄의 파편을 맞아 7번이나 수술을 해야만 했다.

그는 쪽지에 "내가 살 수 있습니까?"라고 써서 담당의사에게 주었다. 그러자 의사는 "예."라고 써서 주었다. 그러자 그 병사는 "내가 말할 수 있습니까?"라고 물었다. 그러자 의사는 "예."라고 대답했다. 그러자 그 병사는 "그렇다면 내가 무엇을 염려하겠습니까?"라고 써서 의사에게 보여주었다고 한다.

'왜 염려하고 있는가'를 자문해 보라

바로 지금 당신은 스스로에게 "도대체 왜 염려를 하고 있는가?"하고 물어보라. 그 염려가 무익한 것임을 깨닫게 될 것이다. 인생을 살아가면서 우리의 생각 중 약 90%는 맞을지도 모르지만, 10%는 반드시 잘못된 것이다. 만일 행복을 원한다면 이 90%에 집중하고 10%는 무시해 버려야 한다.

걱정과 비탄에 빠지고 그로 인해 위궤양에 걸리기를 원한다면 10%에 집중하라.

〈걸리버 여행기〉를 쓴 조나단 스위프트(Jonathan Swift)는 영국 작가로 염세주의자였다. 자신의 출생을 비관하며 생일날 검은 옷을 입고 다닐 정도였다. 그러나 그는 절망 중에서도 즐거움과 행복이라는 위대한 힘을 찬양했다. 그는 이렇게 말했다.

"세상에서 가장 훌륭한 의사는 식이요법, 안정, 그리고 낙천적인 사고방식이다."

당신과 나는 우리가 소유하고 있는, 믿을 수 없을 정도의 부에 시선을 집중함으로써 하루 24시간을 보낼 수 있다.

당신은 당신의 두 눈을 100만 불에 팔겠는가? 아니면 당신의 두 다리를 무엇과 바꾸겠는가? 당신의 생각을 무엇과 바꾸겠는가? 당신의 가족을 무엇과 바꾸겠는가?

당신이 지니고 있는 이런 값진 자산을 생각해 보라. 아마도 당신은 록펠러나 포드가 전 재산을 준다고 해도 그 귀한 자산을 바꾸지 않을 것이다.

자산을 감사히 여겨라

그렇다면 우리는 그 자산에 대해서 감사를 느끼고 있는가? 많은 사람들이 느끼고 있지 않다.

쇼펜하우어는 이렇게 말했다.

"우리는 우리가 가진 것에 대해서는 생각하지 않고 부족한 것만 항상 생각한다."

그렇다. 우리는 가진 것에 대해서는 생각하지 않고 항상 가지지 못한 것만 생각한다. 참으로 불행한 일이 아닐 수 없다. 그로 인한 재난은 우리 주위에서 더욱 자주 일어났으며 다른 어떤 전쟁보다도 더욱 빈번하게 일어났던 것이다.

그러한 좋지 못한 생각으로 인하여 존 팔머는 미국에서 가장 우울한 사람이었고, 가정도 파멸로 이끌어 갔으나 한 상이군인을 통해서 생각을 바꿈으로써 파멸에서 벗어날 수 있었던 것이다. 이제 그의 육성을 직접 들어보자.

"군대에서 제대한 후 사업을 시작했습니다. 처음에는 잘 되어 가는 것 같았으나 점차 기울어지기 시작하여 이제는 부품과 원료를 구입할 수 없을 정도에 이르렀습니다. 막다른 골목에 이르자 저는 우울증에 걸렸습니다. 그리하여 밤낮 술에 의지하여 살게 되었습니다. 그런데 나의 공장에서 일하던 상이군인이 나에게 이런 말을 했습니다.

'존, 사장님은 부끄러워할 줄 알아야 합니다. 사장님은 마치 사장님만이 문제를 가지고 있는 것처럼 생각하고 있습니다. 사장님이 회사를 닫는다고 가정해 보십시오. 그러면 그 다음에는 어떻게 하시겠습니까? 조금만 참고 견디면 경기가 풀리고 모든 문제가 풀릴 터인데 말입니다. 사장님에게는 감사해야 할 일이 많은데 불평불만만 하고 있습니다. 제가 사장님이라면 얼마나 좋겠습니까? 저에게는 팔도 하나뿐이고 얼굴도 상처로 일그러져 있습니다. 그러나 저는 불만 불평이 없습니다. 만약 사장님이 계속 불만불평만 한다면 사장님의 건강은 물론 가정마저 잃게 될 것입니다.'

저는 그의 말을 듣는 순간 많은 감동을 받았으며, 그의 말은 내 인생을 변화시켰습니다. 그의 말을 통해서 저는 행복한 존재임을 깨달았습니다."

새로운 가치관을 갖자

나의 친구이자 나에게 내게 가진 것에 대해서 감사할 줄 아는 법을 가르쳐 준 루실 브레이크는 불만 불평 대신, 있는 그대로에 대해서 감사하고 행복하게 살 수 있는 방법을 깨닫게 해주었다. 이제 그녀의 말을 들어보자.

"나는 삶의 방향을 잡지 못하고 방황하고 있었습니다. 나는 아리조나 대학에서 음악과에서 오르간을 전공하고 있었습니다. 그리고 그 도시에서 언어 장애 교정소를 운영하고 있었습니다. 그런데 어느 날 심장에 이상함을 느껴서 병원에 가서 진찰을 받은 결과 의사는 나에게 청천벽력과 같은 말을 하였습니다. 심장에 이상이 있으므로 앞으로 1년 동안 병원에 입원하여 병상에서 생활하지 않으면 안 된다는 말이었습니다. 그 말을 듣는 순간 나는 눈이 캄캄했습니다. 절망으로 비탄에 잠겨 있었습니다. 그런데 어느 날 이웃에 사는 한 부인이 저를 찾아왔습니다. 그녀는 예술가였습니다. 그는 저에게 이런 말을 했습니다.

'당신이 앞으로 1년 동안 명상에 누워 있는 기간이 비극일 수도 있으나 반면에 전화위복의 기간이 될 수도 있습니다. 그 기간이 당신 자신과 가까워질 수 있는 절호의 기간이 될 수도 있습니다. 당신이 생각하기에 따라 앞으로의 1년이 당신이 지금까지 누리지 못한 정신적 성장을 누릴 수 있는 기간이 될 수 있을 겁니다.'

그때부터 나는 정신적 안정을 조금씩 되찾기 시작했습니다. 나는 새로운 가치관을 찾기로 했습니다. 나는 그때부터 내가 원하는 것만을 생각하기로 했습니다. 기쁜 일과 행복한 일과 건강에 대해서만 생각하기로 했습니다. 나는 눈을 뜨는 순간부터 내가 감사해야 할 일만 생각했습니다.

그러자 고통이 줄어들었습니다. 사랑스러운 딸, 라디오의 좋은 음악, 그리고 책을 읽을 수 있는 시간, 좋은 음식, 좋은 친구 등을 생각했습니다. 나에게는 기쁨이 넘쳤고, 나를 위로해 주려고 찾아오는 방문객들이 줄을 이었습니다. 너무나 많은 사람들이 찾아오자 병원에서는 대기표를 나누어줄 지경이었습니다. 그로부터 8년이 지난 지금, 의욕적이고 적극적인 삶을 살아가고 있습니다. 나는 병상에서 보낸 시간을 지금도 고맙게 생각하고 있습니다. 그 기간은 내가 아리조나에서 보낸 기간 중 가장 보람있고, 행복한 시간이었습니다. 매일 아침 일어나서 내가 받은 축복을 생각했던 그 시절에 터득한 습관은 오늘날에도 계속되고 있습니다. 그 습성은 나에게 무엇보다도 소중하고 중요한 것입니다."

나의 친구 루실 브레이크는 사무엘 박사가 전한 교훈 즉, '어느 경우에도 좋은 것만을 생각하는 습관은 1년에 1천 파운드를 버는 것보다 더 가치가 있다.'라는 말을 병상에서 깨달은 것이다.

로간 피샬 스미스(Logan Pearsall Smith)는 다음과 같이 인생을 살아가는 지혜를 말했다.

"인생의 목적으로 삼을 것이 두 가지가 있다. 하나는 원하는 것을 얻고자 하는 것이고, 또 하나는 얻은 것을 즐기는 것이다."

동정이나 자기 연민은 금물이다

당신이 자신의 환경이 어떤 비극적 상황에 놓이거나 절망적 위치에 있더라도 자신을 동정하거나 자기 연민에 빠지지 않고 꿋꿋하게 살기를 원한다면 보길드 다힐(Borghild Dahl)의 저서 〈나는 알기를 원한다〉를 읽어 보라. 이 글은 무한한 용기와 영감을 준다. 이 책의 저자는 반세기 동안 맹인으로 살았던 여성이다. 그녀는 이렇게 말했다.

"나는 한쪽 눈만을 가졌습니다. 그러나 하나뿐인 그 눈마저 심한 흉터로 일그러져 있어 사물을 희미하게밖에 볼 수 없습니다. 책을 읽을 때는 책을 얼굴에 바짝 대어야만 했으며, 왼쪽눈도 옆으로 찡그려야만 했습니다."

신체적으로 이러한 악조건에도 그녀는 동정을 받거나 자기연민에 빠지는 것을 거부했다. 그녀는 보통 사람들에 비해 특별히 취급받는 것도 거절했다. 그녀는 어린 시절 친구들과 사방치기놀이를 했다. 그녀는 표적을 제대로 볼 수가 없었다. 친구들이 돌아간 후 혼자 남아서 눈을 표적에 가까이 대고 표적을 익히느라고 많은 노력을 했다. 그녀는 친구들과 뛰어놀던 운동장을 모두 머릿속에 넣었다. 그 덕분에 달리기 경주에서 1등을 할 수 있었다. 그녀는 그런 신체적으로 악조건에도 불구하고 대학에 입학하여 두 개의 학위를 땄다. 미네소타대학에서는 문학사 석사 학위를, 콜롬비아대학에서는 문학 석사 학위를 땄다. 그 후 그녀는 어거스타나 대학에서 신문학과 문학 교수가 되었다. 그녀는 훗날 당시를 회고하며 이렇게 말했다.

"나의 마음 한 구석에는 혹시 실명되지 않을까 하는 두려움이 있었다. 이러한 두려움을 극복하기 위해서 즐거운 일만 생각하고 낙천적인 삶의 자세를 취하였다."

그녀에게 마침내 기적이 일어났다. 그녀의 나이 52세 때 미국의 유명한 메이오 병원에서 수술을 받게 되었고, 전보다 시력이 40배나 좋아졌다. 그녀에게는 새로운 세계가 펼쳐졌다.

우리는 아름다운 세계에 살면서도 그것을 느끼지 못하고 있다.

2. 자존심과 자신감으로 무장한다

　당신은 자신에 대해서 어떻게 생각하는가?

　현재의 자신에 대해서 불만은 없는가?

　한 인간으로서 당신 자신을 어떻게 생각하고 있는가?

　자신에 대한 당신의 감정과 평가가 곧 자존심이며, 이 자존심의 정도는 당신의 인생을 결정하게 된다. 높은 자존심은 곧 우월성을 뜻하며, 그것은 당신의 잠재력이 자유롭게 활동할 수 있다는 의미이기도 하다. 당신은 올바르고 가치 있는 자신을 위해서 당신의 이미지를 개발시킨다. 그리고 그 이미지에 일치하는 행동을 하고자 노력한다. 당신의 이미지는 어려서부터 개발되기 시작한다. 어렸을 때 부모나 이웃으로부터 당신 자신에 대해서 많은 지식과 선입견을 갖게 된다. 그 선입견은 우리에게 동기를 주게 된다.

　"너는 훌륭한 아이야."

"나는 네가 아들이라는 것이 자랑스럽게 느껴진다."

혹은 당신에게 영향을 주는 사람으로부터 이런 말을 들었을 것이다.

"왜 그렇게 둔하니?"

"너는 그따위 바보짓만 하니?" 그런데 여기서 중요한 것은 어떤 종류의 메시지를 받느냐 하는 것이 아니라 그 말에 대해서 어떻게 생각하느냐 하는 것이다. 여기서 당신의 자존심이 결정된다.

자존심과 자신감의 차이

자존심은 자신감과 똑같은 의미는 아니다. 당신은 어떤 특별한 분야에서 자신감은 가질 수 있지만, 그러면서도 당신의 자존심 정도는 낮을 수도 있다.

이와 반대로 높은 자존심을 가지고 있으면서도 연설이나 화가와 같은 일에서는 자신감이 없을 수도 있다.

자신감은 어떤 특별한 기술이나 특별한 상황에 한정된다. 반면 자존심은 자신의 가치에 대해 지니는 보다 깊은 감정이기도 하다. 당신은 긍정적인 측면이나 부정적인 측면의 자존심 가운데 어느 한가운데 분명히 있다.

더 높은 자존심을 가질 수 있는 방향으로 나아가는 방법

당신은 보다 더 높은 자존심을 가질 수 있는 방향, 즉 보다 더 유익하고 자신의 중요성을 깨달을 수 있는 방향으로 생각하고 행동해야 한다. 그런 방향으로 나아가는 몇 가지 방법을 소개하고자 한다.

첫째, 실제 생활에서 건설적인 생각을 갖도록 한다. 자신의 존재 가치에 대해 긍정적인 확신을 하고, 자신이 바라는 자화상 중에 매일 그 확신을 포함시킨다.

둘째, '보다 많은 시간을 성공의 방향에서 쓴다.'고 다짐하는 것이다. 즉 자신이 하는 일에 대해서 자신감을 갖고 잘못이나 실패에 대해서 지나치게 집착하지 않는 것이다.

당신이 좋은 일을 할 때에는 감사히 생각한다. 그러는 중에 훌륭하게 일을 처리할 뿐만 아니라 인격체로서 당신 자신을 귀하게 여기게 된다.

마지막으로 자존심을 높이는 방법은 자존심을 발전시키고 확대함으로써 자신에 대한 가치와 중요성을 높이는 것이다.

당신의 가정과 일하고 있는 직장, 소속된 단체를 생각하라. 그 집단의 각 구성원은 그 조직의 중요성을 갖고 있기 마련이다. 이런 중요한 단체나 집단에 소속되어 있고, 일을 할 수 있다는 것을 생각하면 저절로 높은 자존심이 생길 것이다. 그런 자존심을 발전시키고 확대해 나가는 것이다.

3. 자기관리의 능력을 개발한다

당신은 자신의 생을 계획하고, 목표로 하고 있는 일들을 성취할 수 있는 능력을 갖춰야 한다. 그렇지 않으면 어떤 안전도 보장할 수 없다. 당신은 거짓이 난무하는 세상에 살고 있다. 그래서 자신의 뜻이 아닌 다른 사람의 뜻에 의해서 삶이 결정되고, 변화에 계속 시달리게 된다. 따라서 당신은 이러한 일들을 대처할 수 있는 능력과 정신을 길러야 한다.

당신은 모든 일에 스스로 선택해야 한다. 자신의 생활에 대해서 구체적인 계획이 없는 한 당신은 자아를 상실하게 됨은 물론 하잘것 없는 인생으로 전락하고 만다. 변화가 급속이 진행되고 있는 현실에서 살아남기 위해서는 용감하게 부딪쳐야 한다. 우리는 귀중한 삶을 포기할 수 없다. 선택하는 일도 단념해서는 안 된다. 중심을 잡고 자신을 믿는 것이 최선의 방법이다. 그것은 주위의 사람들의 소리보다도 자신의 내면의 소리에 귀를 기울이는 것이다. 그래야 동기와 확신을 가질 수 있으며, 오히려 외부 세계와 조화를 이룰 수 있다.

현실을 인정하고 당당히 맞서라

어떤 적극적인 대처 없이 새로운 변화에 직면하게 되면 우리는 사회적으로나 개인적으로 외부의 통제에 따를 수밖에 없게 된다. 그렇게 하여 개인적인 자율성이나 선택의 자유를 잃게 될 때, 좌절과 고난과 폭력만이 남게 된다. 만약 당신이 당신 인생에서 주인이 되지 못하면 다른 사람이 당신 주인이 될 것이다. 철학자 마우리스 프리드먼은 이렇게 말했다.

"현대인이 필요로 하는 것은 전통적인 신앙이 아니라 오히려 혼자 살 수 있고, 모든 변화를 솔직히 인정하고 거기에 과감하게 부딪치는 발판 즉 현실에 입각한 자립심이다."

현실을 인정하며 거기에 맞서 당당히 서고, 당신이 믿는 것과 생각하는 것을 분명히 할 필요가 있다. 이를 위해서는 변화와 발전에 따른 계획을 세우고 생활을 활용하는 법을 배워야 한다. 자기관리에 대한 이해는 생활전략을 실천하는 데 있어서 많은 도움을 줄 것이다.

자기관리의 궁극적 열쇠

창조적인 자기관리의 궁극적인 열쇠는 자신을 완전히 다른 사람의 손에 맡기지 않는 데에 있다. 이는 매우 중요한 일이다.

우리는 많은 경우에 다른 사람들로부터의 충고나 지지, 격려 및 도움을 필요로 한다. 그러나 그러한 것들은 자신의 발판을 확고히 하기 위한 발판으로 활용할 수 있다.

그러나 자신을 완전히 다른 사람의 손에 맡기는 것과 어느 정도 자신의 뜻으로 행하는 것과는 근본적으로 차이가 있다.

우리 자신을 올바르게 다스림으로써 자신이 원하는 것을 보다 더 잘 알게 된다. 그리고 그 일의 우선순위와 욕구를 보다 분명히 알게 된다. 그렇게 될 때 우리는 더 많은 자유와 안정감을 갖게 된다. 자신을 알고 자신을 올바르게 관리하면 시시각각으로 다가오는 갈등과 걱정을 능히 이겨낼 수 있다. 그것은 자신의 능력을 스스로에게 확신을 시켜주기 때문이다. 그리고 그렇게 함으로써 당신은 더욱 강해질 것이다.

다른 사람의 손에 자신을 완전히 맡기게 될 때 자기 신념은 나약해진다. 다른 사람에게 허락을 받아야 되거나 보고하거나 불필요하게 사과하는 경우 자기 신념은 나약해진다. 자기 신념은 다른 사람보다는 자신에게 어떻게 해야 될 것인가를 물어볼 때 강해진다.

chapter 03

자신의 일에
능률을
극대화한다

1. 자신이 하는 일에 몰두한다

　어떤 일에 몰두하게 되면 우리는 생각한 이상으로 성취감을 느끼게 된다. 이 성취감은 당신이 좋아하는 사람 또는 증오하는 사람과도 함께 느낄 수 있다. 성취감은 음식을 만드는 일에서, 나무를 베는 일에서도 주어질 수 있다. 성취감은 사랑과 같은 감정처럼 자신이 직접 체험하지 않으면 좀처럼 믿기 어려운 법이다. 식료품 하나하나를 점검하는 일이나 기계를 만지는 일에서도 성취감은 느낄 수 있지만, 반복되는 일에서 우리는 지루함을 느낄 수 있고 이것은 우리 노력 여하에 달려 있다.

　간혹 어떤 사람은 막연히 앉아서 성취감을 기다린다. 성취감을 얻었다고 말하기 위해서 어느 조직의 일원임을 강조한다. 그러나 다른 사람을 위해서 또는 다른 사람에게 보이기 위해서 하는 일이라면 곧 그 성과가 떨어지고 성취감을 맛볼 수 없다.

　성취감은 보다 큰 위험을 감수하는 가운데 강하게 느껴진다.

그러나 그 성취감을 영원히 묶어두거나 증명할 수는 없다. 단지 당신 스스로의 체험의 일부로 느낄 수 있다.

당신 일에 몰두하라. 그렇지 않으면 퇴보한다. 그 일에 자신도 잊을 만큼 몰두해야 한다. 우리는 뜻하는 일에 몰두함으로써 최선의 것을 기대할 수 있다. 우리가 잠시 동안이나마 자신을 잊고서도 확신 중에 담대할 수 있다면 놀라운 성공을 체험할 수 있을 것이다. 그리고 우리의 생각이나 믿음 또는 원하는 것을 잊어버리고 확신 속에 위험에 대처한다면 성공은 반드시 우리의 것이 될 것이다.

시도하는 일에 몰두하려면 용기가 필요

우리가 시도하고 있는 일에 몰두하려면 극도의 용기가 필요하며, 그만큼 보상도 클 것이다. 그리고 평안함 속에 창조적인 성장을 이룰 수 있을 것이다.

이것은 '누구처럼 행동한다'는 생각 이상의 것이다. 예를 들어 자전거를 타는 체하는 것이 아니라 실제로 자전거를 타는 행동에 옮기는 것이다. 대부분의 가르침이 기술적인 숙달이 수단이 아닌 목적을 전제로 하고 있다. 그런 기본적인 숙달 자체는 절대적인 힘이 되지 못한다. 오히려 창조력을 방해한다. 만일 당신이 창조력을 체험하지 못한다면 당신의 능력이 발휘되었다고 생각하지 못할 것이다. 예를 들어서 당신이 핸드볼을 하고자 한다면 우선 몇 가지 기술적인 면에서 숙달을 필요로 한다. 그러나 궁극적으로는 게임에서 그런 기본적인 기술들이 창의적인 방법으로 연결되어야만 재미있는 게임을 할 수 있다. 그렇지 못하면 당신은 다른 사람을 모방하는 로봇에 지나지 않는다.

창의력을 가지려면

창의력이란 참으로 매력적인 일이다. 창의력의 비결을 알기 위해서 많은 사람들이 오랫동안 연구해 왔다. 그들은 자신의 체험을 통해서 어떤 공식들을 찾고자 했다. 그러나 찾지 못했다. 창의성은 점진적인 과정이 아니기 때문이다.

오늘날 많은 운동선수들이 창의성을 개발하는 방법을 배우고 생각하고 있다. 이 때 흔히 사용되는 말이 '집중력'이다.

집중력은 최대의 성과를 가져오는 필수적인 요소이다. 흔히들 훌륭한 선수와 그렇지 못한 선수와의 차이는 집중력 정도에 따라서 좌우된다. 이러한 집중력을 갖기 위해서는 의심이나 자의식을 버리고, 마음속에 모든 무익한 생각들을 버려야 한다.

동양의 철학은 바로 이런 '마음의 상태'가 목표였다. 사실 '아무런 생각 없이 행동한다.'고 하는 개념은 중세 일본 사무라이에서 쉽게 찾아볼 수 있다. 그들은 적을 쓰러뜨리는 가장 좋은 방법은 '지체 없이 싸우는 것'이라고 하였다.

세련되고 숙달된 기술은 물론 필요로 한다. 그러나 실제 행동은 사고보다는 느낌에 의해서 좌우된다. 훈련을 거듭함으로

써 적이 오른쪽으로 올지, 왼쪽으로 올지 혼란이 오지 않을 정도로 직관력을 개발한다. 사무라이는 마음의 평정과 균형을 잃지 않고 앞으로 일어날 일을 미리 아는 것처럼 행동한다.

2. 결과에만 사로잡히지 않는다

　천부적인 재능, 연구, 훈련, 그리고 행운까지도 창의력에 있어서 중요한 일부이다. 그러나 꼭 필요한 것은 '완전히 몰두'하는 것이다. 몰두하는 과정을 다음 세 가지로 나누어 볼 수 있다.

　첫째, 창의적인 행동에 자신을 몰두시키고, 그런 다음에 기꺼이 그 일을 하는 것이다.

　둘째, 비판적인 생각을 가지고 검토하는 것이다.

　마지막으로 정신적으로 여유를 가지고 거리를 두고 그 결과를 주시해 보는 것이다. 즉 '일이 내가 원하는 방향으로 어느 정도 가까이 가고 있을까?' 를 주시하는 것이다.

　그것은 마치 화가가 캔버스 앞에서 무아의 경지에서 그림을 그린 다음 새로운 조화를 얻기 위해서 약간 물러서서 그림을 감상하는 것과 같다. 이 두 가지 행동은 창의적인 활동과 비판적인 검토를 말하는 것이다.

무슨 일을 할 때 결과에만 사로잡힌다면 능력을 제대로 발휘할 수 없다. 훌륭한 시도를 한 후, 다시 생각하고 검토를 하라. 그러나 창의성을 발휘하는 동안에는 검토하지 말라. 그것을 손에 넣은 후에 다시 손질을 하라. 의식이 결과에만 집중하며 능력의 한계를 느끼게 될 것이다.

가치관이 문제다

궁극적으로는 원하던 것을 얻을 것이다. 그러나 그 전에 기억해야 할 것은 어떤 가치관 즉 '시도'가 곧 성공을 의미한다는 것을 깨닫는 것이다.

창조적인 상태는 승리를 지나치게 의식하지 않고 그것에 깊이 몰두함으로써 얻을 수 있다. 그러나 여하튼 승리라는 최후의 목적을 향하여 노력해야 한다. 계획을 세울 때 어떤 것이 가장 중요한가를 생각해 봐야 한다. 그리고 이기는 것에 몰두한다는 그 자체가 어떤 가치와 의미가 있는지 생각해 봐야 한다.

사람들이 자신을 마음대로 지배하지 못하는 것은 '실패하지 않을까' 또는 '실패자가 되지 않을까' 하는 두려움에 사로잡혀 있기 때문이다. 그러므로 하면 할 수 있다는 자신감을 가짐으로써 창의적인 행동에 몰두할 수 있는 용기가 생긴다. 만일 우리가 '시도하고 노력하는 것 그 자체가 성공하는 길이요, 최선을 다하는 것이 중요하다.'는 원리를 따른다면 마음에 평안을 얻음은 물론 결국 인생의 승리자가 될 것이다. 그러한 자세를 가질 때 우리는 쉽게 창의와 검토의 단계에 들어가게 된다. 훌륭한 결과는 거기에 주어진 여분의 이득에 불과하다. 중요한 것은 자기자신을 컨트롤하는 것이다.

어떤 농부는 자신과 가족을 위해 바람직한 생활을 하겠다고 마음 먹고 오로지 남에게 의지하지 않고 열심히 농사를 지었다. 그는 남의 동정이나 특별한 대접을 받는 자체가 실패라고 생각하였다. 그런데 예기치 않은 태풍이 불어와 1년 동안 지은 농사를 망쳐버렸다. 그는 할 수 없이 재난보호위원회에 구제를 신청하면서 '자신은 실패자'라고 탄식하였다.

당신도 이럴 경우 실패자라고 생각하는가? 그렇게 생각하지 않을 것이다. 이 농부는 결과에만 집착했기 때문에 자신을 실패자라고 본 것이다.

자존심을 결과에 두지 말라

자존심을 결과에만 둘 때 우연이라는 변덕에 당신은 노예가 될 것이다. 과감하게 이런 생각에서 벗어나야 한다. 당신은 당신 자신을 사랑한다면 모든 것을 사랑해야 한다. 중요한 것은 결과론적인 승리가 아니라 어떻게 그 일을 했느냐 하는 것이다.

코치 빈스 롬바르디는 이렇게 말했다.

"승리는 시도하는 것 외에 아무 것도 아니다."

당신은 자신을 위한 훌륭한 코치가 되어야 한다. 목표를 가지면 선택권을 갖게 된다. 당신은 자신을 경시해 버릴 수도 있다. 그러면 당신은 자신에게 이렇게 말하게 된다. "나는 할 수 없다는 것을 안다. 어떤 사람에게는 변화가 가능하지만 나에게는 불가능하다. 어린 시절의 환경이 나를 그렇게 만들었다. 나는 같은 실수를 거듭한다. 나는 결코 성공할 수 없다."

반면에 당신은 자신을 사랑할 수도 있다. 그러면 당신은 자신에게 이렇게 말한다. "나의 시도는 아주 훌륭했다. 나는 내 자신이 자랑스럽다. 나는 나의 일에 정말 빠져버렸다. 그런데도 나는 실패했다. 그러나 실패한 사실을 인정하고 그에 따른 고통도 감수하겠다. 나에게는 용기가 있다. 내 자신을 계속 사랑할 것이다."

성공이란 무엇일까? 당신의 가치관을 측정하는 사람은 누구일까? 당신 자신인가? 다른 사람인가? 당신은 누구에게 영향을 받기를 원하는가?

우리는 학교, 대중매체, 사회시스템을 통해서 성공을 하나의 출세나 지위나 재물을 의미하는 것으로 배워 왔다.

성공을 얻기까지 당신이 선택한 일에 전념하라. 그러면 다른 사람들이 당신을 존경할 것이고, 스스로 믿을 수 없을 만큼 행복감을 느끼게 될 것이다.

체험적으로 느끼지 못한다면 성공을 얻는다고 해도 공허만이 남을 것이다. 예를 들어서 한 때 인기를 누렸던 연예인들을 보라. 대부분의 경우 그들의 삶은 너무 일찍이 파멸의 길로 들어선다. 바람직하고 가치 있는 일에 몰두하고, 계속 전념하라. 그리고 그 일에 실망하지 말라. 그렇지 않으면 당신은 파탄자가 되고 말 것이다.

두려움은 우리가 얻을 만한 가치가 없다고 느끼는 성공을 위해서 필사적으로 노력하는 데서 나온다. 먼저 무엇에든 몰두하는 법을 배워야 한다. 그러면 반드시 참된 용기가 나올 것이다. 담대함을 가져라. 할 수 있는 한 많은 용기를 갖도록 하라. 물론 용기만이 전부는 아니다. 거기에는 실천이 따라야 한다. 문제를 해결하는 데에 그럴듯한 요령을 기대하지 말라. 정도를 가겠다는 확고한 용기를 가져야 한다. 성공이란 용기 있게 사는 것이다. 성공이란 투쟁이요, 변화요, 계속 발전하려는 용기를 의미한다. 그리고 다른 모든 고통과 시험에 속박되지 않는 용기를 말한다. 성공이란 바로 당신 자신의 것이다.

3. 열심히 일하면서 여유를 즐길 줄 안다

　오늘날 보람 있고 참된 삶을 살기란 어렵다. 그러나 불가능한 것은 아니다. 우리는 참으로 복잡하고 바쁘게 살아간다. 그래서 스티븐슨은 이렇게 말했다.

　"세상은 많은 일로 가득 차 있다. 나는 우리 모두가 왕들처럼 행복하게 살아야 한다고 확신한다."

　지금은 스티븐슨이 말한 때보다도 훨씬 복잡한 일들이 산적해 있다. 따라서 이런 복잡한 세상에 물질적인 소유만이 행복의 문제를 해결해 줄지는 의문이다. 필자는 소파에 앉아서 리모컨으로 TV를 켜서 내가 좋아하는 프로를 보고, 따뜻하고 편안하게 살아가고 있다. 그런데 할아버지 때는 그런 편리함이 없었다. 그러나 할아버지는 삶의 기술을 알고 있었고 행복한 사람이었다. 물질적인 풍요함이 늘어난 오늘날 여가는 더욱 줄어들고 혼란만이 주위를 감돌고 있다.

우리는 너무나 바쁜 시대에 살고 있으며, 속도와 기동성을 필요로 하고 있다.

중서부의 어느 도시의 교외 근처에 이런 광고가 붙어 있다.

"이 도시는 날개와 여러 개의 바퀴로 이루어져 있다."

대부분의 도시가 그렇다. 우리 마음 속에는 푸른 신호등이 켜져 있다. 이제 다음 신호로 붉은 신호등이 켜질 차례이다. 붉은 신호등으로 바뀌기를 기다리는 저 많은 사람들의 표정은 조금은 긴장되고 조급하게 보인다. 무엇인가 우리는 잘못되어 가고 있다. 잘못된 현상들이 우리 주위에서 나타나기 시작한다. 신경성 질환과 심장병, 그리고 교통사고, 공해 등등.

바쁘고 허둥대는 우리는 때때로 깜짝깜짝 놀라고 숨도 제대로 못 쉴 지경이다. 심지어 날아가는 듯한 시계에 맞추는 것이 미덕이라고 생각하는 사람도 있다. 모든 사람들이 무엇인가 계속 해야만 한다고 생각한다. 차를 몰아야 하고, 골프를 쳐야 하고, 쇼핑을 해야 한다고 생각한다.

삶의 여유를 갖자

아프리카를 탐험하는 유럽의 몇 명의 탐험가들은 항구에 도착하여 원주민을 고용했다. 그리고 그들에게 빨리 서둘러야 한다고 말했다.

첫날 정글 속에서 원주민들은 부지런히 움직여 빠른 진전이 있었다. 둘째 날에도 그들은 쉬지 않고 전진했다. 셋째 날도 탐험가들이 빨리 가기 위해서 급히 서두르자 원주민들은 꼼짝도 하지 않았다. 그래서 탐험가들이 묻자 원주민들은 이렇게 말했다.

"오늘 우리 정신이 육신만큼 쉬게 하겠다."

실제 우리는 삶의 여유를 갖지 못함으로써 인생에서 중요한 것을 잃고 있는 경우가 있다. 혼란과 서두름으로 삶을 고달프게 하고 신경을 날카롭게 하여 생활하는 것이 성공적인 삶이 아니다.

우리는 이 세상에서 여유를 가지고 행복하게 살도록 축복을 받았다. 삶의 여유를 가져야 한다.

열심히 일하는 것은 큰 축복이다

열심히 일하는 것은 우리가 받은 축복 중에서 가장 큰 축복이다. 동정받아야 할 사람은 게으른 사람들이다. 인생을 성공적으로 보낸 사람들은 열심히 노력하면서도 긴장된 노력을 줄여서 보다 훌륭하게 성공한 사람들이다. 만약 어떤 사람이 노력하는 과정에서 삶의 즐거움을 느끼지 못한다면 성공한들 무슨 소용이 있겠는가? 우리는 빨리 서둘러야 한다는 생각으로 행복하고 성공적인 삶을 상실하고 있다. 우리는 살기 위해서 일한다. 하루하루 많은 일에 사로잡혀 사는 사람은 어떤 성공을 해도 참된 생활의 기술을 배우지 못한 사람이다.

좋은 친구를 사귀어라. 삶의 여유를 갖는다는 것은 깊은 우정의 관계를 의미하기도 한다. 셰익스피어는 "친구들을 우리에게 견고한 고리로 묶어두라."고 하였다. 또한 마크 트웨인은 "좋은 책과 좋은 친구는 이상적인 생활을 하게 한다."고 하였다. 그런데 우리의 일상생활은 종종 창조적 우정에서 나오는 기쁨을 누리지 못하게 한다. 불행하게도 우리는 너무 일에 얽매여서 진실된 우정에서 나오는 기쁨을 누리지 못한다. 다른 사람의 장점을 찾는 노력은 아주 유익한 일이며, 모든 사람에게는 우리의 관심을 끌 만한 장점이 있다. 버스나 지하철을 타고 가는 사람들은 평범하게 보일 것이다. 그러나 만약 그들이 당한 비극이나 희극, 또한 영광이나 기쁨을 안다면 당신은 그에게 큰 관심을 가지게 될 것이다. 지금까지 훌륭한 명작들은 거의가 소박하게 살아가는 사람들의 것이고, 지극히 평범한 일상생활을 소재로 하고 있다.

인생이 아무 의미가 없다며 당신은 불만불평만 하는가? 주위의 사랑하는 사람들의 얼굴을 보라. 주위 어린아이들의 천진난만한 아이들의 웃음소리에 귀를 기울여라. 그리고 당신의 우정 어린 친구들을 생각하라. 인생의 스릴과 멋을 상실한 사람은 오로지 자신에게만 관심이 있고, 자신의 이익이나 쾌락에만 생각하는 사람들이다. 우리는 사람들이 지닌 매력을 보지 못한다. 늘 바쁜 가운데 생의 아름답고 기쁜 일들을 놓치고 만다.

우리 주위에 있는 아름답고 활기찬 세계를 깨닫게 될 때 세상은 밝고 유익한 것임을 느끼게 된다. 삶의 여유를 찾고 그 삶을 누리자. 성공한 사람들은 여유를 가짐으로써 삶의 비결을 완전히 터득한 사람들이다.

chapter 04

기회를
알아보는
안목을 기른다

1. 찬스는 이렇게 잡는다

　놀라운 비전과 뛰어난 통찰력을 지닌 당신께서는 놓친 기회를 모조리 열거할 수 있겠는가?

　주어진 기회를 잡지 못했다고 해서 놓친 기회를 아쉬워하고 있는가?

　기회가 주어졌을 때 그 기회를 활용할 수 있는 능력과 힘을 가지고 있는가?

　이런 것은 사실 그렇게 중요한 문제가 아니다. 중요한 것은 비행기가 활주로를 달려 이륙하고 있는데 당신은 여전히 탑승구에 남아 있다는 사실이다.

　조지 엘리오트(George Eliot)는 이렇게 말했다.

　"인생의 탁류 속에서 황금의 순간들은 우리 곁을 재빨리 지나간다. 다만 우리는 모래밖에 보지 못할 뿐이다. 천사가 우리를 찾아와도 우리는 그들이 돌아간 후에야 그 사실을 알게 된다."

기회란 도대체 무엇이며, 언제 문을 두드리게 되는가?

기회는 결코 당신의 문을 두드리지 않는다. 당신은 당신 인생 전체를 통해서 기회가 오기를 기다리면서 살아간다. 그러나 기회가 당신의 문을 두드리는 소리는 듣지 못할 것이다. 전혀 듣지 못할 것이다. 기회란 무엇인가? 바로 당신이 기회이다. 즉 당신 자신이 스스로의 운명을 좌우하는 문을 두드려야 한다. 당신은 기회를 깨닫고 그 기회를 붙잡을 수 있는 준비를 해야 한다. 당신의 능력을 개발시키고, 당신만의 이미지를 만들어야 한다. 그럼으로써 자존심은 더욱 높아지고 활기에 넘친 삶을 살 수 있게 된다.

기회가 주어질 수 있는 영역은 광범위하다. 간혹 어떤 사람들은 재정적인 성공이나 직장에서의 성공을 위해 그 기회를 한정시켜 생각한다. 기회는 어떤 조건하에서도 주어질 수 있으며, 또 기회는 부정적인 감정을 피해 간다. 기회는 당신의 권위 의식이나 편협된 생각이나 기만된 행동으로 얻어지는 것이 결코 아니다. 당신의 기회는 긴장이나 갈등 아래서도 혼자 힘으로 자신감을 발견하려고 애쓸 때 얻어진다. 자신감은 급변하는, 복잡한 이 세상에서 당신에게 내적인 평화와 안도감을 가져다 줄 것이다.

당신이 생산적인 목표에 전념할 수 있는 최상의 기회는 꼭 주어진다. 단 거기에는 조건이 있다. 그것은 당신이 누구이며, 어떠한 사람이 될 것이며, 그 목표를 달성하는 데 당신의 능력을 최대한 활용할 것인가를 분명히 하는 것이다.

당신의 자존심을 높여 스스로의 힘을 개발시킬 때, 당신은 행동으로 옮기게 되고, 적절한 시기에 기회를 붙잡게 된다. 당신은 당신의 사고 능력을 배양하고 활동할 때, 무한히 뻗어나가게 된다. 당신이 내적인 힘을 갖게 될 때, 성공과 행복이라는 당신의 목표를 향해 나아갈 수 있게 된다.

기회를 창조한다

스스로 기회를 창조해야 한다. 기회를 향해 자신감 있게 나갈 수 있는 능력을 개발해야 한다. 위기를 기회로, 패배를 성공으로, 좌절을 성취감으로 바꿀 수 있어야 한다.

그러면 어떻게 해야 그것이 가능할까?

그것은 보이지 않는, 당신의 훌륭한 무기로서만이 가능하다. 그 무기란 스스로에 대해 좋은 이미지를 가지며 최선의 삶을 살겠다는 결심이다. 당신만이 자신을 좌우한다는 것을 잊어서는 안 된다. 당신은 기회를 최대로 활용할 수 있는 권리를 누리도록 노력해야 한다. 그것은 자신을 과소평가하지 않고 스스로를 높여줄 때 가능하다. 동시에 다른 사람의 생각에 대해 불안해하거나, 닥쳐올지 모르는 여러 가지 재난을 생각하지 않아야 한다. 오직 창조적이고 창의적인 힘을 개발하는 데 몰두해야 한다.

당신은 불행했던 과거를 생각하며 번민하기보다는 주어질 기회를 생각해야 한다. 당신에게는 분명히 여러 가지 한계가 있다. 때로는 좌절감을 느낄 것이다. 그러나 당신에게도 다른 사람에게 주어지는 기회와 똑같은 기회가 주어진다. 다만 일심으로 창조적인 힘을 발휘할 수 있도록 노력해야 한다. 당신도 콜럼버스(Columbus)와 같은 탐험가가 될 수 있으며, 에디슨(Edison)과 같은 발명가도 될 수 있다. 당신의 창조적인 능력을 찾아서 그것에 적응하도록 해야 한다.

2. 기회의 문을 스스로 닫지 않는다

많은 사람들이 이 '기회'에 대해 고민한다.

"다른 친구는 기회를 잡았는데, 나에게는 그런 기회가 없었다."

"나에게는 이런 약점이 있다. 그래서 어떤 일을 시작하기도 전에 패배할 것임을 나는 안다."

"나는 그러한 일을 시도할 권리가 없다. 나는 아무것도 아닌 존재에 불과하다."

이런 말들은 패배자들의 변명이다. 무엇보다 우선 이러한 형태의 부정적인 사고를 극복해야 한다. 그렇지 않으면 언제까지고 다가오는 기회를 스스로 막게 될 뿐이다.

기회는 '다른 사람'을 위해서만 있는 것이 아니다. 당신을 위해 있는 것이다. 당신이 그 기회를 받아들이고 환영할 때 그 기회는 당신 곁에 머물게 될 것이다. 어떤 식물도 물을 주지 않거나 충분한 햇빛을 받지 못하면 시들어 죽어 버린다. 기회도 마찬가지다.

기회가 당신 곁을 떠나지 않도록 하라. 주어진 기회를 부정적인 사고방식으로 쫓지 않도록 하라.

오늘날 교육계에서는 이른바 '부진아들'에 대한 관심이 높아지고 있다. 선생님들은 학교나 학생 및 부모간의 대화를 촉진시키고자 한다. 그럼으로써 그 아이들이 교육적인 기회와 직업적인 면에서 더 많은 기회를 가질 수 있도록 노력을 하고 있다. 우리 성인들도 여러 가지 불리한 계약 조건을 가지고 있다. 만약 우리가 '부진아들'처럼 도움을 받는다면 그 이상 바람직한 일은 없을 것이다. 그러나 그런 도움 없이 주어진 기회를 어떻게 해서든지 붙잡아야 한다. 많은 사람들이 모여앉아 불평불만이나 하고 누군가를 시기하곤 한다. 만일 그들이 헬렌 켈러와 같은 이들에 대해 듣는다면 그 사람은 예외라고 말할 것이다.

헬렌 켈러는 기회를 붙잡기 위해 이루 형용할 수 없는 불운들을 극복했다. 사실 헬렌 켈러의 불행은 너무 극심해서 특별한 경우라는 생각은 든다. 보편적으로 기회를 포착, 활용하며 정상의 위치에 도달한 모든 사람은 거의 좋은 환경에 있는 사람이 아니었다.

이것은 어느 조사 결과에 나타난 것인데 성공자들의 4분의 3이 바로 그런 어려움을 극복했던 사람들이다. 젊은 시절 비극과 무능력과 좌절감에 빠졌지만 그 어려움을 극복했던 것이다. 이 조사 대상자는 정상에 오른 금세기 4백 명의 남녀들이었다. 4백 명 중 4분의 3이 불리한 조건을 극복한 사람들이었다. 어떻게 생각하는가? 불리한 조건을 극복하고 성공한 사람 중에는 토마스 에디슨과 엘레노 루스벨트와 같은 사람들도 있다.

기회는 다른 사람을 위해서 있는 것이 아님을 기억하길 바란다. 기회는 당신의 것이다.

기회의 문은 닫혀 있지 않다

기회는 당신의 문을 두드리지 않는다. 그러므로 기회의 문을 닫아두어서는 안 된다. 우리는 흔히 기회의 문을 닫아 버리곤 한다. 참으로 불행한 일이다. 이러한 일이 없도록 대비하기 위해 한 예를 소개한다. 어떤 의사가 발전할 수 있는 기회의 문을 닫았다. 그는 오래 전에 이미 의사가 되었지만 성형외과 의사가 되고 싶었다.

"제가 박사님 수술하는 것을 보아도 괜찮은지요?"

그가 내게 물었다.

"좋습니다. 내일 아침 8시에 수술을 시작합시다."

그는 오전 8시에 오겠다고 말했다. 그는 약속을 지켰다. 오전 8시, 수술을 지켜본 그는 매우 매력 있는 일이라고 말했다. 나는 그를 지도해 주기로 결심했다. 그는 성형외과의에 대한 만족감을 표시하면서 갔다. 나는 그가 바라는 일을 성취할 수 있는 기회가 온 것이라 믿었다. 그러나 다음날 아침, 그는 오지 않았다. 그 다음날도, 또 그 다음날도……

며칠이 지난 후에 그는 제 방문을 두드렸다.

"당신은 그 동안 어디에 있었죠?"

그에게 물었다.

"그만 늦잠을 잤습니다."

그는 졸린 목소리로 말했다.

"깨어나서 시계를 보니 너무 늦은 것 같아서 오지 않았습니다."

"그런 식으로는 배울 수 없습니다."

그는 성형외과의에 대해 매력을 느꼈지만, 결코 필요한 일을 하지 않았다. 그는 스스로 자신에게 주어진 기회의 문을 닫았다. 성공할 수 있는 자질이 있었으나 스스로 성공을 포기했다.

당신도 자신도 모르게 기회를 스스로 막고 있지는 않은가? 당신은 많은 축복을 받았다. 그 축복을 최대한 누리도록 노력해야 한다. 혹 실패할지라도 주어진 그 결과에 포기하지 말고 최선을 다하자.

3. 기회를 찾아 나가는 방법

'완전'이란 있을 수 없다. 당신은 완전한 것을 추구해서는 안된다. 이 세상에는 무언가 이룩할 수 있는 기회들이 무수히 많다. 우리는 기회로 가득찬 세상에 살고 있다. 새로운 기회가 눈앞에 있으며, 우리는 지금도 앞을 바라보고 나아갈 수 있다. 새로운 기회가 우리를 기다린다. 그 기회를 향해 나아가자. 새로운 기회를 향해 나아갈 수 있는 방법 몇 가지를 소개하겠다.

적색 신호에 유의하라

여기에서 말하는 적색 신호란 정신적인 신호이다. 이 신호를 보았을 때 당신은 무조건 기다려야 한다. 그리고 다음과 같이 자문해 봐야 한다.

'나는 위험한 곳으로 가고 있지는 않은가?'

'나 자신에 대한 평가가 좋지 않은가?'

'내가 나 자신을 무가치한 존재로 생각하기 때문에 적색 신호에 걸린 것이 아닌가?'

지난 일을 염려하는 일에 에너지를 소비하지 말자. 당신의 '감정'을 잘 간수하여 목적하는 곳으로 조종해 나가야 한다. 당신의 마음속의 '적색 신호'가 잠시 정지하기를 요구한다면 멈추어라. 그러나 부정적인 감정으로 인해 기회를 향해 전진하지 못하고 있다면 적색 신호를 청색 신호로 바꾸어야 한다. 잠시 멈추어 섰다가 다시 나아가라. 이것이 목표를 향해 나아가는 중요한 방법이다.

목표를 향해 출발하는 지금 당신의 과거의 성공을 기억하라. 그리고 그 목표가 달성되고 있는 모습을 마음속에 그려보는 것이다.

이제 당신의 성공은 머릿속에 선명하게 나타나며, 과거의 성공이 자극제가 되어 미래의 성공이 현실화될 것이다. 멈추었다가 다시 전진하라.

현재를 보라

과거는 지나갔고 미래는 불확실하다. 그러나 현재는 당신의 것이다. 당신의 기회는 바로 현재에 있다. 이 기회를 놓쳐서는 안 된다. 기회가 지금 주어졌다. 당신이 과거에 사로잡혀, 과거의 실수나 비극에서 벗어나지 못하면 지금의 기회는 영원히 당신의 것이 될 수 없다. 과거의 불행을 잊고 현재 주어진 기회를 다시 보자.

기회란 현재의 애매모호한 순간, 즉 다음 주나 다음 달이 아니다. 바로 오늘 이 순간을 의미한다. 과거가 결코 장애물은 아니다.

장애물은 바로 내일을 바라보는 사고방식이다. 내일로 미루려 하는 그 때 내일은 당신의 장애가 되는 것이다.

내일에 대한 동경은 비현실적이고 부정적인 것으로 작용한다.

특히 내일 누군가 당신을 돕는 환상이나 기적이 일어나겠지 하는 막연한 기대를 갖게 될 때, 내일은 당신에게 걸림돌이 된다. 성공할 수 있다는 자신감은 막연히 기적을 기다리는 마음과는 거리가 먼 것이다.

자신을 과소평가하지 말라

대부분의 사람들은 자신을 지나치게 과소평가한다.

현재 당신은 백만장자도 아니고, 저명인사도, 또 축구 황제나 우주 비행사가 아닐 것이다. 그러나 당신은 위대한 인물이 될 수 있다. 현재 당신이 하는 일이 무엇이든, 즉 세일즈맨, 청소부, 혹 세차장의 막일꾼이든 상관없다. 용기와 자신감을 가져라. 당신도 위대한 존재가 될 수 있다. 자신을 절대 과소 평가하지 말라. 자신을 현재 있는 그대로 받아들여야 한다. 그래야만 기회를 맞이할 수 있다. 기회를 향해 적극적으로 움직이지도 못하며, 그 기회를 붙잡을 가치가 없다고 자학하면 안 된다. 당신에게 기회는 반드시 찾아온다.

건설적인 목표를 세워라

오늘날 많은 부정과 폭력과 냉소주의가 범람하고 있다. 그러나 당신은 건설적인 것을 생각하고, 건설적인 목표를 세워야 한다. 나는 어떤 아이를 양자로 삼은 한 부부를 알고 있다. 부모를 잃은 그 아이를 키우기로 작정한 그 부부는 조용하게 그 일을 진행시켰다. 부부는 자신들이 좋은 일을 한다고 생색내지도 않았으며, 오직 조용히 그 일을 진행시켰다. 나는 그 부부가 한 일 자체보다도 그 부부의 자세에 더욱 많은 존경을 표한다. 나는 조카 조에 대해서도 자부심을 느끼고 있다. 그는 늘 다른 사람들이 안정된 삶을 누리는 데 이바지할 수 있는 기회를 찾고 있었다.

나는 조의 하버드 대학 졸업식에 참가했다. 그는 유기화학 분야의 장학생이었지만 지금은 생화학 분야에서 석사 과정을 밟고 있다. 그는 화학 중에서도 세포 활동에 관해 관심이 있었다. 암 치료의 단서를 발견하고 혈청을 연구할 것이라고 내게 말했다. 그의 그 말은 자만심으로 가득찬 독단이 아니었다. 그는 현실을 도외시 하지 않은 목표를 확실하게 세웠다.

나는 조카가 조용히, 분명하게 목표를 세운 것이 흐뭇했다. 그의 놀라운 확신에 큰 기쁨을 느끼면서 그의 졸업식을 지켜보았다.

우리는 모두 기회를 향해 전진해야 한다.

위기에 굴복하지 말라

위기에 굴복하지 말라. 침착하게 대처하라. 위기를 극복하며 오히려 창조적인 기회로 바꾸어야 한다. 당신이 세운 이미지를 결코 포기하지 말라. 어떤 경우에서도 자신을 높여라. 과거에 이룩한 성취를 마음속에 기억하고 어떤 실패가 오더라도 자신에 대한 신뢰를 버리지 말아야 한다. 실패가 닥치더라도 침착하고 용기 있게 다시 일어서야 한다. 포기하지 말라. 넘어지지 말라. 그러면 성공의 그 날까지 자신을 지켜나갈 수 있을 것이다.

거울 속의 당신 자신을 보라. 그리고 자신을 긍정적으로 인정하라. 거울 속의 그 친구는 바로 당신 자신이다. 특히 위기에 직면할 경우 당신을 지켜주는 것은 바로 당신임을 잊어서는 안 된다. 그러나 자기도취나 자만하지 말라. 조용히 자신을 생각해 보라. 과거에 극복한 여러 가지 위기를 생각해 보라. 성공적으로, 슬기롭게 넘긴 위기의 기억들을 생각해 보라. 당신 자신을 무시하지 말라.

4. 기회와 자존심

　기회는 지금도 무한히 열려 있다. 그 중 어떤 기회는 우리 마음 속에 확고하게 자리잡은 후에 행동으로 나타나는 경우가 있다. 당신 생애에서 주어질 여러 가지 기회는 스스로에 대해서 신뢰하며 존경심을 가질 때 주어진다. 우리의 문화적인 배경이나 제도를 존경하는 것만으로는 충분하지 않다. 건전하게 기회를 포착하고 그것을 최대한으로 이용하기 위해서는 먼저 당신 자신을 존중해야 한다.

　우리 인간은 거대한 세계에 살면서 엄청난 인구 팽창으로 인한 미래의 식량 부족이나 전쟁을 염려하기도 하며 때로는 타협하고 또 자신을 포기하기도 한다. 포기함으로써 실패를 자초하지 말라.

　자신에 대해 분노하지 말고 더 많은 애착을 가져야 한다. 겁쟁이 가 되지 말고 용기 있는 이가 되자. 당신의 무능력보다 주어진 자산을 생각하라. 자신에게 주어질 그 기회에 대해 적극적인 자세를 취해야 한다. 기회는 당신의 삶을 부유케 하고 자존심을 높여줄 것이다. 현재 당신은 좌절감의 부정적인 자세를 취함으로써 실패를 자초하고 있지는 않은가? 아니면 확신을 가지고 긍정적인 자세로 정상을 향해 전진하고 있는가?

마음의 문을 활짝 열고, 모든 것을 긍정적으로 바라보며 당신 자신을 더욱 높여라. 그리고 오늘이라는 기회를 놓치지 않도록 최선을 다하라.

chapter 05

바라는 것은
꼭 이루고 만다

1. 가능성과 불가능을 구별한다

출발점에서 가장 큰 장애물을 치우는 것은 중요하다. 하지만 그 후에도 이르는 길이 완전히 보장된 것은 아니다. 그 길을 가노라면 돌아가는 길도 있고, 보이지 않는 커브도 있으며, 교차로가 있는가 하면 톨게이트도 있다. 거기에는 여러 가지 제약이 따른다.

사람들은, 철학자든 바보든 왕이든 거지든 직업이 무엇이든 그들이 원하는 대로 그 길을 자유로이 통과할 수 있다. 때로는 다른 사람과 함께 가기도 한다.

사람들은 규칙에 복종해야 한다. 물론 거기에는 몇 가지 예외는 있다. 어떤 사람은 험한 산으로 가는 지름길을 택한다. 그것은 그의 '완전한 자유'이다. 그러나 그 경우, 완전히 고립되어 혼자 가야만 한다. 혼자 사는 어떤 이는 빵 한 조각과 한 벌의 옷과 한 갑의 담배만을 얻고자 할지도 모른다. 그 경우에도 역시 다른 사람이나 또는 사회가 정한 조건과 상황에 따름으로써 그의 자유를 누리게 된다. 우리는 산딸기나 먹고 동물 가죽을 입고 거처할 동굴이나 찾을 수는 없다. 오늘날의 우리는 어떤 규칙과 문명을 이해하고 동경하며 살아가야 한다. 사회의 구성원으로 살아가기 위해서는 그 사회가 정한 개인적인 자유에 대한 침해도 받아들여야 한다. 그렇게 하지 못할 때 우리는 낙오자가 된다. 예컨대 강도질을 하고, 이중 결혼이나 이웃을 속여 해를 끼치거나 싸우거나 이야기를 날조하는 것은 법으로 금지되어 있다. 즉 처벌이 뒤따르게 된다. 그 외에도 보통의 우리 개인 소득을 마음대로 처분할 절대적인 자유가 허용되어 있지 않다. 그 소득의 일부는 자동적으로 세금으로 부과된다.

확실히 이런 유사한 제안이나 규정은 시민의 안정과 복리를 보호하고, 사회 제도와 구조를 보존하게 한다. 그럼에도 불구하고 이론상으로 볼 때 이것은 '절대적인 개인의 자유'라는 개념에는 위배되는 것이다.

다시 말해서 보통의 우리는 그와 같은 한계를 알고 별다른 항의 없이 그 한계 내에서 생활한다. 그러나 문제는 불분명한 여러 가지 제안도 자발적으로 따른다는 사실이다. 그리고 그러한 사실을, 효과는 말할 것도 없고, 중요한 몇몇 사람들만 의식하고 인식하고 있을 뿐이다.

예컨대 우리는 여러 면에서 선택과 결정의 자유를 누린다. 그러나 그의 행동 노선을 세우려 할 때에는 완전히 자유가 보장되어 있지 않다. 그는 여러 가지 힘과 환경에 부딪친다. 모두가 그렇지는 않겠지만, 아무튼 그러한 것들이 그의 중요한 결정이나 행동을 강요한다 할지라도 거기서 무엇이 얻어지는가를 거의 깨닫지 못한다. 이것은 논쟁의 여지가 있다고 생각하는 사람도 있다. 어쨌든 그들은 그의 생애 동안에 어느 정도의 여유를 가지며 적응, 타협하고 양보를 한다. 이는 그들이 대다수의 사람보다 뛰어 나기를 희망한다 해도 예외는 아니다. 여러 가지 대안 중에서 하나를 선택해야 할 때 그들은 정상적으로 먼저 선택해야 할 것에 어쩔 수 없이 앞장서야 한다. 그 때야 비로소 그들은 최선의 선택을 하게 된다.

나는 이러한 사실을 경험을 통해 알게 되었다. 청년 시절 나의 꿈은 국무성에서 일을 하는 것이었다. 그것이 이루어진다면 두 번째로 작가가 되고 싶었다. 만약 내가 너무 어리다는 문제만 없었다면 아마도 그렇게 했을 것이다.

차이점은 바로 그것이었다. 나의 아버지의 뒤를 이어 누군가가 아버지가 수십 년 동안 노력해서 세운 사업을 물려받았을지도 모른다. 그 이유는 나는 그곳에서 책임자도 아니었고, 또 내세울 만한 후보자도 아니었기 때문이다.

부모의 성공적인 사업을 영위한다는 것은 나의 야망과는 거리가 멀었고 동시에 아주 어려운 일이었다. 그리고 그에 따르는 책임과 문제들이 나에게는 아주 무겁고 부담스럽게 보였다. 그러나 피할 수 있는 탈출구는 없었다. 어머니의 안정과 복지가 문제가 되었기 때문이다.

결과적으로 나는 그 계획을 포기했다. 그리고 외교관보다는 기업가로 진로를 바꾸었다. 그 결정을 내린 뒤 나는 과거의 미련에서 완전히 벗어났다. 해야 할 일만을 생각했다.

그 '게임'이 나의 첫 번째 선택은 아니었다. 오히려 어찌할 수 없는 환경에 의해 떠밀렸던 것이다. 어쨌든 나는 그 게임을 준비하게 되었다. 그리고 시작을 알리는 신호가 울렸다. 그때부터 그 게임에 적극적이고 정열적으로 참여해서 공을 내 것으로 만드는 것이 대타 선수인 나의 임무였다.

원하는 것을 모두 가질 수 없다

독자들에게 뽐낼 의향은 없다. 단지 다음 두 가지 생각을 보여주는 예로써 나 자신을 내세웠던 것이다.

첫째, 어떤 사람도 원하는 것을 항상 모두 가질 수만은 없다. 오히려 그는 합리적인 대안에 적응하고 조정한다. 둘째, 어떤 사람도 그의 직업으로부터 만족을 얻으며 일상생활에서 즐거움을 얻을 수 있다는 사실이다.

삶을 사는 동안 타협이나 양보를 해야 하는 일에 서글퍼함으로써 에너지를 낭비하는 것보다 더 무익한 것은 없다.

어떤 사람은 상해나 살인을 금지하는 법에 완강히 반대할 지도 모른다. 일기 예보자의 잘못된 기상 예보로 인해 갑자기 소나기가 쏟아져서 가족의 소풍을 망치게 하는 수도 있기 때문이다. 결국 어떤 사람이 어쩔 수 없는 사실을 받아들였다는 사실이 비굴하고 무조건적인 항복을 정당화시키지는 못한다. 또 그것을 필연적인 어떤 영감과 야망을 비웃고 완전히 낙담해도 좋다는 것을 의미하는 것은 아니다.

상상력이 풍부하고 적응력이 있는 사람은 그 상황의 기초를 더욱 확고히 할 것이다. 그래서 그 틀 안에서 자신의 야심을 깨달을 수 있고 실현할 수 있는 기회가 더 부여될 것이다. 또한 용기 있고 대담한 사람들은 그들이 처한 상황에서 새로운 관심을 갖고자 할 것이다.

어쨌든 생활 중에 평범한 사람들은 때로는 분명하고도 상호 연관성이 있는 영역, 즉 '직업적 영역과 개인적인 영역'을 고려하는 것이 최우선이 되어야 한다. 직업적인 환경이 좋든 싫든 그 사람의 전반적인 생활 철학이나 생활 방식에 상당한 영향을 미치게 된다.

매주 40시간 정도 일하는 환경에서 아무것도 배우지 못하는 나태하고 무기력한 사람이 흔히 있을 수 있다. 사무실이나 공장문을 나서면서 '일'에서 완전히 떠난다는 것은 불가능하다. 사실 우리와 같은 이들은 모두 과외 시간에도 일을 한다. 그러나 그들은 각기 자신의 생활을 개선한다. 따라서 골목 약사나 지방 수퍼마켓 관리자와는 거의 닮은 점이 없을 것이다. 개인 비서와 간호원들 둘 다 여자다. 아마도 그녀들은 여자의 본능을, 그리고 특성을 가지고 있다. 그러나 관점과 시야, 즉 그들의 생활 방식이 비슷한지 어떤지는 알 수 없다. 아마도 이러한 차이점의 상당 부분은 작업 환경과 경험의 영향탓으로 생각된다. 모든 것을 종합해 볼 때, 대부분의 사람들이 보다 솔직해진다면 '인간이란 그들이 원하는 대로의 그들 운명의 주인이 아님'을 인정할 것이라고 생각한다. 하지만 한계 내에서 그들은 보다 많은 자유와 권한을 갖는 것은 아무도 부인할 수 없다. 특히 그들 자신의 생활과 직업에 대한 면에서는 더 많은 자유와 재량권을 가질 것이다.

2. 과욕과 충분히 노력하지 않는 것이
   실패의 원인이다

　어떤 사람들은 아무것도 이루지 못하고 어느 곳에서도 승진을 하지 못한다. 그들은 비참한 실패자임이 분명하다. 그들은 더 많은, 바람직한 노력을 하지 않았기 때문이다. 이 사람들에 대해서 우리 모두는 많은 시간을 허비할 필요가 없다. 또 그러한 마음이 있더라도 그렇게 해서는 안 된다.

　또한 어떤 사람들은 정직하고 많은 노력을 하지만 지적인 면, 육체적인 면, 또는 정신적인 허약으로 인해 실패할지도 모른다. 이들은 확실히 동정을 받을 만하고 도움의 손길을 받을 만하다. 하지만 어떤 사람들은 한두 가지 면에서 성공을 한다. 이 경우의 성공은 그들의 능력이라기보다는 오히려 판단력이 적지 않은 영향을 미친다. 그들은 어느 정도 다른 사람의 도움을 받는 경우도 있다. 하지만 역시 그들의 성공은 자신의 재능과 노력에 좌우된다. 또 어떤 사람은 생활과 일에 있어서 영감을 얻기 위해 아주 진지하게 노력할 것이다. 이 때 먼저 생각해야 할 점은 형식에 구애되지 않는 몇 마디의 주의를 받아들이는 것이다.

여러 해 동안의 관찰과 경험에 의하면, 많은 사람들의 실패는 지나친 욕심, 그리고 충분한 노력을 하지 않은 데 있음을 알 수 있었다. 물론 이것이 어느 정도는 납득하기 어려울지도 모른다. 그러나 그것은 사실이다. 많은 실패자의 기본적인 나약함을 간단하게 이야기해 보자. 직업적이거나 개인적인 영역, 즉 두 영역에서 그들은 도달할 수 있는 가능한 것을 결정하지 못하고, 아니 불가능한 것조차 결정하지 못하고 있다. 그들은 너무 높은 곳에 눈을 둔다. 그리고 주의 깊게 목표를 향해 쏘았는데 표적에서 빗나갔다고 금방 실의에 빠진다.

여기에서 어떤 관리자를 그 좋은 예로 들어보자.

그 사람을 J.스미스라는 가명으로 부르겠다. 그는 한때 내가 경영하는 회사에서 일했다. 그는 지식도 높고 고학력에 성격도 쾌활하고 가정에 성실하면서, 대단한 자리는 아니었지만 다른 회사에서 근무할 때도 좋은 실적을 올렸다. 그는 이제 그가 임명받은 책임 있는 위치에 아주 적합하게 보였다.

그러나 좋았던 때도 잠시였다. 얼마 후에 J. 스미스는 더 이상 발전을 하지 못하고 점점 뒤처지기 시작했다. 게다가 그 때문에 그와 함께 있는 관리자들까지 동시에 처지기 시작했다. 회사 전체가 일에 밀리고 계획이 늦추어지고 고객들이 불평을 하는 와중에 필사적으로 몸부림을 쳤다.

문제를 찾는 데 많은 조사가 필요치 않았다. J. 스미스는 일이 벅차지만 필사적으로 인정받으려고 노력했다. 그러나 얼마 안 가서 그는 모든 균형을 잃었다. 그는 그가 관리하는 조직은 기적을 낳을 수 있고 터무니없이 짧은 기간인데도 모든 일을 할 수 있다고 생각했다. 누가 무엇을 원하는가에 관계없이 자기 일이 아니라 할지라도 '다음 날 꼭 해주겠다.'고 약속한다. 급기야 초조해진 그는 세금만 부담하게 되는 불가능에 대해서 전력을 상실하게 되었다.

나는 기업가이고 일을 우선적으로 생각해야 했다. 그래서 나는 J. 스미스에게 보다 책임이 가벼운 일을 맡겨야겠다고 생각했다. 그는 50대 중반이었다. 잘만 하면 그가 보다 낮은 관리 계층에서 일을 잘 할 수 있으리라고 추측했다.

그러나 그가 그의 일에서만 서투른 것이 아니라 개인 생활도 엉망진창이라는 사실을 알았을 때 그 모든 생각을 포기했다. 그는 그의 소득에 적어도 배 이상 되는 집을 계약금만 가지고 구입했다. 그는 점잖았다. 그러나 몇몇 좋지 못한 사건으로 인해 컨트리클럽에서 탈퇴 요구를 받았다. 그는 미처 끝내지도 못한 채 더 많은 빚에 시달리게 되었다. 조사 결과 그는 그의 부인과 아이들에게 폭탄이요, 공포의 대상이었다. 그에 대한 사임 요구가 빗발쳤다. 그가 사표를 내자마자 수리되었다.

서글프고 비극적인 이 이야기는 우리에게 많은 암시를 주고 있다. 어떤 '성숙'이나 '단련'은 마치 재난과도 같은 그런 과오를 줄여줄 것이다. 그는 이미 50대가 되었으므로 성숙한 자라고 말할 수도 있다. 사실 그는 가정생활과 직장 생활에서 모두 시련을 겪었다. 결혼한 지 22년, 그에게는 세 자녀가 있었다. 자녀의 나이는 19, 16, 14 세였다. 과거의 직장에서도 흠이 없었고, 비록 뛰어나지는 않았다 해도 꾸준했었다. 그런 경험으로 인해 철저히 단련돼 경영자가 될 수도 있었을 것이다. 나는 그가 내게 이야기한 것 외에는 더 이상의 설명을 할 수가 없다. 그는 자신의 단점에 완전히 지배되어 있었다.

그러나 결코 두려워하지 마라. J. 스미스와 같은 사람은 많이 있다. 그들이 건설적인 목적을 가지고 노력한다면, '멈추어서 검토하고 들어보라.'는 경고를 허술히 여기지 않는 것이 좋다. 특히 인생을 즐기며 그 하는 일에 발전을 원하는 사람은 더욱 그렇다. 사생활이나 직업에서 성공하고자 하는 사람은 계속 평가하고 측정하고 검토함으로써 가능한 것과 불가능한 것을 판단해야 한다. 동시에 현재의 상황과 능력을 검토해야 한다.

3. 가능한 것과 불가능한 것을 구분하는 방법

가능한 것과 불가능한 것을 구분하는 능력은 타고나는 것은 결코 아니다. 그러한 능력은 부분적으로, 이성과 판단력을 계발시킴으로써 얻어진다. 출발점에 서서 몇 가지를 자문해 보자.

- 내가 이루려고 하는 것은 무엇인가?
- 왜 내가 하고자 하는 일이 가능하다고 생각하는가?
- 무엇 때문에 나는 내가 하고자 하는 일이 불가능하다고 생각하는가?
- 내가 성공하기 위해서 어떻게 해야 하는가?
- 나이, 활력 및 건강과 같은 요소는 결과에 어떤 영향을 미칠 것인가?
- 그리고 반대로 신체에 어떤 영향을 미칠 것인가?
- 나는 내 시간과 노력과 에너지를 다른 방향에서 더 훌륭하게 이용할 수 없는가?

물론 이러한 질문은 잠재적인 두뇌를 자극시키는 제안에 불과하다. 최종적인 결정은 당신에게 달려 있다. 앞에서의 여러 가지 문제에 대하여 가장 유익하다고 생각되는 몇 가지만을 말하고 싶다.

　몇 년 전 나는 저녁 식사 초대를 받았다. 초대자는 폭넓은 관심과 능력으로 주목을 받았고, 무한한 정력과 삶의 기쁨을 누리며 경제적인 성공까지 이룬 분이었다. 당시 그의 나이는 75세였는데 20살 정도는 젊게 보였다. 그는 매일 수영을 하고 많이 걸었다. 그리고 새벽 2시 전에 잠자리에 드는 것을 아주 싫어했다. 저녁 식사 후, 그와 나 이외에 초대 받은 우리들은 거실로 갔다. 참석자 중에는 신문 칼럼니스트도 있었다. 그는 일에 대한 기쁨과 인간적인 관심을 동시에 취급한 기사를 쓰고자 했다. 그래서 그는 우리와 많은 이야기를 나누었고, 그분의 뛰어난 업적과 명예, 놀라운 정력에 대해 찬사를 보내기도 했다. 그는 어느덧 그 대화를 자연스럽게 인터뷰로 이끌었다.

　"선생님은 아주 많은 성공을 했습니다. 신문과 그외 여론은 선생님을 천재라고 부르고 있습니다. 선생님께서도 자신을 천재라고 생각하십니까?"

　"천만의 말씀입니다. 결코 그렇지 않습니다!"

　그는 웃으면서 매우 진지하게 다음 말을 이었다.

　"오래 전에 나는 몇 가지 기본적인 진리를 터득했습니다. 그 진리는 모든 사람에게 유익하고 또 '천재'의 바탕을 이루고 있다고 생각합니다."

"그러면 정확히 진리는 무엇입니까?"

그 두 번째 질문에 대한 답변은 아주 솔직하고 진실된 것이었다. 그것은 아마도 우리 모두가 몇 분 전에 식사를 끝냈고 그 식사에 관한 이야기가 평범하게 화제가 되었기 때문이 아닌가 생각된다.

"거기에 대해 나는 네 가지로 말씀드리고 싶습니다.

첫째, 사람은 언제나 메뉴에서 그가 원하는 모든 음식을 찾을 수 없습니다.

둘째, 그럼에도 불구하고 사람들은 일반적으로 그의 시장기와 기호를 만족시킬 수 있는 여러 가지 음식을 찾게 됩니다.

셋째, 식사를 하는 동안에 자기가 금언에 따라 먹을 수 있는 양만큼 먹어야 합니다.

넷째, 그것은 한입 가득히 먹는 욕심을 부려서는 안 된다는 것을 의미합니다. 먹을 만한 가치가 있는 음식을 신경질적으로 먹는 둥 마는 둥 해서야 되겠습니까? 천천히 즐기면서 먹어야 합니다."

식사에 비유했던 그 기본적인 진리는 반드시 기억할 만한 가치가 있다. 어떤 중요한 순간에 있어서 그 하나하나가 결정적인 지표가 될 것이다. 그 진리는 내게도 여러 번 훌륭한 지표가 되었다. 여러 번 그랬다.

4. 바라는 것을 구체적으로 정한다

당신은 이제 자신의 현존의 이유와 스스로의 중요성을 잘 이해하였을 것이다. 그러나 당신의 목적이 아무리 훌륭하다 해도 스스로 초자연적인 존재라도 된 양 해서는 안 된다.

이제 현실을 분명히 인식하고, 또 자신의 잠재 능력을 완전히 발휘할 수 있음을 확신하며 다음 강의로 넘어가기 바란다.

우선 성공의 기본 원리 중 하나를 생각해 보자. 당신은 실제로 자신이 생각하는 그대로의 존재이며, 당신의 인격은 당신의 사고방식에 따라 결정된다는 사실을 먼저 기억해야 한다. 그럼으로써 오늘이나 내일에 있어서 생각하는 그대로의 존재가 될 것이다.

당신은 인생에서 무엇을 추구하려 하는가?

이 물음에 대답하기 전에 우리는 먼저 알아두어야 할 것이 있다. 즉 '인간은 그 자신에 의해 성공하기도 하고 실패하기도 하며, 사고思考라는 무기는 스스로를 파괴하는 무기도 되고, 기쁨과 평화의 도구가 되기도 한다'는 사실이다.

당신은 무엇을 원하는가? 성공인가? 사랑인가? 아니면 행복이나 만족 또는 그 무엇인가?

당신이 원하는 것이 무엇이든 그 기본은 '당신의 생각'이라는 것에 있다는 사실을 잊어서는 안 된다. 바로 그 생각을 통해서 당신의 인생이 성공적인 것이 될 수 있다.

성공과 실패는 사고(思考)의 직접적인 결과이다

인간의 성공과 실패는 자신의 생각의 직접적인 결과이다.

우주는 질서 정연하게 이루어진다. 이 질서와 균형이 깨어진다면 그것은 곧 파멸을 의미한다. 인간의 책임은 절대적이다. 인간이 약하거나 강하며, 순수하거나 불순한 것은 모두 그 자신의 책임이다. 인간은 다른 사람이 아닌 바로 자신에 의해서만 변화될 수 있다. 주어진 조건은 다른 사람의 것이 아닌 바로 나 자신의 조건이다. 인간의 고통이나 행복 역시 내면에서 나온 것이다. 인간은 자신이 생각하는 그대로의 존재이다.

강자가 약자를 도우려고 할 때 그 약자가 도움받기를 원치 않는다면 그것은 불가능하다. 약자는 스스로의 노력을 통해서 강해져야 한다. 그것은 오직 자신의 노력을 통해서만이 가능하다. 그 자신만이 현재의 조건을 변화시킬 수 있다. '한 사람의 압제자가 존재함으로써 많은 사람들이 노예의 위치에 서게 된다. 때문에 그 압제자를 우리는 증오한다.' 하고 대부분 생각한다. 그러나 이제 어떤 한 사람이 압제가가 된 것은 많은 사람이 노예의 입장에 섰기 때문이므로 노예의 위치에 선 사람들은 멸시를 받아야 한다.'라고, 그 생각을 바꾸어 보자. 사실 압제자와 노예는 은연중에 협력을 한다. 서로를 괴롭히는 것으로 그들은 생각하고 있지만, 실제로는 스스로를 괴롭히는 것이다.

자신의 나약함을 극복하고 모든 이기적인 생각을 버린 자는 압제자나 억압받는 자, 그 어느 편에도 속하지 않는다. 그는 자유를 소유한 자이다. 인간의 보다 높은 사고(思考)를 취할 때, 자신의 위치를 향상시킬 수도 있고, 또 자신이 바라는 일을 성취하게 된다.

동물적인 탐욕과 이기심을 해방시킨다

우리가 무엇인가를 얻고자 한다면 노예 근성의 동물적인 탐욕을 버리고 사고를 고양시켜야 한다. 물론 그것들을 완벽하게 없애 버릴 수는 없다. 어느 정도만 희생시키면 된다. 탐욕을 먼저 생각하는 사람은 분명히 건설적인 사고를 할 수 없고 구체적인 계획을 세울 수 없다. 그리고 잠재적인 능력을 발견, 개발하지 못하므로 무슨 일을 하든 실패한다. 자신의 사고를 조정하지 못하므로 여러 가지 문제를 해결하거나 어떤 일에 대해 책임을 지지 못한다. 독립체의 능력도 없으며, 그가 선택한 사고에 의해 속박을 받게 될 뿐이다.

성공을 원하는가? 그 동물적 사고를 버리고 마음과 생각을 모두 계획한 것에 집중하라. 그리고 신에 대한 신뢰감을 굳게 해야 한다. 생각을 저 높은 곳에 두면 둘수록 올바르며 또한 위대한 성공을 보장받게 된다. 물론 당신의 업적은 후세에 길이 남게 될 것이다. 이 세상은 탐욕과 거짓에 찬 사학한 자를 지지하지 않는다. 외관상으로나, 얼핏 보아서는 그렇지 않은 것 같이 보이지만 이 세상은 정직하고 너그러운 사람의 편이다. 오랜 옛날부터 이 진리는 변함이 없고, 많은 위대한 지도자들은 단지 그것을 다르게 표현했을 뿐이다.

지혜의 업적들 역시 사고에서 나왔으며, 인생과 자연에서 참진리와 아름다움을 추구함으로써 얻어진 것들이다. 그러한 것들은 모두 지혜와 아름다움, 그리고 참진리 추구의 결과이다. 또한 부단한 노력과 이기심이 없는 순수한 사고의 결정체이다.

성공은 노력과 사고의 결과다

흔히 높은 정신적인 업적은 훌륭한 영감에서 비롯된다. 높은 이상을 가진 사람, 비이기적인 순수함에 그 뜻을 둔 사람들은 거의가 고귀한 인격을 갖추고 있으며 지혜로워서 다른 사람들을 감동시키거나 영향을 주게 된다.

어떤 분야에서나 성공은 피땀 흘린 노력의 결과이며, 사고의 결과이다. 그리고 자기 절제, 결심, 순수함 그리고 건전한 사고를 통해서 발견한다. 탐욕적 동물 근성, 부정부패, 사고의 혼란은 그 사람을 퇴보시킬 따름이다.

당신이 어떤 분야에 종사하든 바람직한 성공을 할 수 있다. 그러나 오만함이나 이기심, 또는 불건전한 생각에 노예가 된다면, 나약함과 비참함에 빠질 수도 있다.

올바른 사고를 가지고 지속적인 성공을 유지하기 위해서는 방심해서는 안 된다. 대부분의 사람들은 성공이 눈앞에 나타나면 방심해져서 그만 실패를 맛보게 된다.

기업계에서든, 지적인 어떤 세계에서든 모든 업적은 질서정연하게 이루어진 사고와 확고한 목표 의식에서 비롯된다. 그것은 불변의 법칙이다. 다만 그 대상이 다를 뿐이다.

어떤 목적이든 그 달성에는 희생이 따라야 한다. 즉 크게 성공한 사람은 그에 버금가는 큰 희생을 감수한 자이고, 큰 업적을 남긴 사람 역시 견디기 어려운 희생을 슬기롭게 극복한 사람들이다.

5. 비전과 이상

　꿈을 가진 사람들은 이 세상에 희망을 준다.

　우리 눈에 보이는 세계는 보이지 않는 어떤 세계의 작용으로 유지되고 있다. 마찬가지로 우리 인간은 많은 실수를 하고 그릇된 생활도 때로는 하지만 꿈을 가진 이들의 비전으로 소망을 가질 수가 있다.

　작곡가, 조각가, 화가, 시인, 예언자, 지혜로운 사람들은 모두 미래를 이끌어갈 미래의 건축가들이다. 세계는 그들이 있기 때문에 아름다우며 질서가 유지되고 있다. 그들이 없다면 인간의 수고는 무의미하게 될 것이다.

　비전과 높은 이상을 마음속에 품은 사람들만이 그 비전과 이상이 실현되는 것을 보게 될 것이다. 콜럼버스는 미지의 세계에 대한 비전을 가지고 있었기 때문에 그 세계를 발견했다. 코페르니쿠스는 천체에 대한 비전을 가지고 그것들을 밝혔다.

비전을 가져라. 그리고 당신의 비전을 소중히 하라. 당신의 이상을 소중히 하라. 당신의 마음을 움직이는 음악을 소중히 하라. 당신의 마음속에 간직된 아름다움을 소중히 하라. 당신의 순수함을 지켜줄 그 아름다움을 소중히 하라. 모든 기쁨과 최적의 환경은 그런 것들로부터 나온다. 만일 당신이 그런 것들에 대해서 관심을 갖는다면 당신의 세계는 더욱 아름다워질 것이다. 바란다는 것은, 곧 얻는다는 것을 의미한다. 그러나 인내심이 없다면 그 욕구는 충분히 만족되지 못하고 그의 순수한 열망 역시 사라지고 만다. 구해야만 받게 될 것이다.

꿈을 높여야 한다. 그 꿈은 언젠가 꼭 이루어진다. 당신의 비전은 미래의 자신에 대한 약속이다. 당신의 이상은 '앞으로 어떻게 될 것'이라는 예언이다.

이 세상의 위대한 업적은 모두 처음에는 꿈이었다. 도토리 열매는 껍질 속에서 때를 기다린다. 새 역시 알 속에서 때를 기다린다.

이상과 환경

현재 환경이 당신을 슬프게 할지도 모른다. 그러나 당신이 이상을 품고 그것을 향해 노력한다면 슬픈 환경은 오래 가지 않을 것이다.

이상이 없이는 아무것도 할 수 없다.

빈곤과 중노동으로 찌든 한 청년이 있었다. 그는 열악한 작업환경에서 오랫동안 일했다. 학교 교육도 제대로 받지 못했고 훌륭한 기술도 없었다. 그러나 그에게는 꿈이 있었다. 그는 보다 훌륭한 기술과, 또 덕과 미를 조용히 생각해 본다. 그는 정신적으로 보다 나은 미래를 꿈꾸고 보다 좋은 삶의 조건을 생각한다. 보다 더 좋은 계기에 대한 비전을 가지고 있었던 것이다. 그래서 그는 그의 남은 여생을 최대한 활용했다. 그의 마음이 새롭게 변화됨으로써 그런 열악한 작업장에도 구애받지 않았다. 그는 정신적인 이상과 조화를 가짐으로써 과거의 안이한 생각이 사라졌다. 그는 그의 놀라운 사고와 이상에 맞는 기회를 차분하게 찾으면서 안이한 생활에서 벗어났다.

몇 년 후 이 젊은이는 원숙한 사람으로 성장했다. 전 세계의 인간들에게 영향을 미치고 누구도 따를 수 없는 힘을 발휘할 정도의 능력을 소유하게 되었다.

그의 삶이 변화된 것이다. 많은 사람들이 그의 말을 듣고 큰 감명을 받았다. 그는 많은 사람들의 운명을 바꾸게 하였다.

그는 젊은 시절, 비전을 가졌었고, 그 비전을 실현했으며, 이상을 가진 사람이었고, 그 이상을 현실로 만들었다.

당신도 마음의 비전을 실행할 수 있다. 그 비전이 어떠한 것이든 반드시 실현할 수 있다. 왜냐하면 당신은 좋아하는 그것에 자연스럽게 끌려가기 때문이다.

당신의 사고의 결과는 언제나 당신 자신의 것이다.

당신이 얻고자 하는 그만큼 분명히 얻을 수 있다. 그 이상도 그 이하도 아니다.

당신은 당신의 비전에 따라 더 불행해질 수도 있고, 더 행복해질 수도 있다.

당신의 욕구와 열망에 따라 하찮은 자가 되거나 위대한 존재가 될 수도 있다.

생각이 모자라고 나태한 사람들은 어떤 일에서나 그 결과만을 보며 그 일 자체를 보지 않기 때문에 행운이라는 말을 즐겨 쓴다. 누군가 부자가 되면 그들은 '그는 운이 좋다'라고 말한다. 또 어느 누가 지적인 성장을 하면 그들은 '그는 큰 혜택을 받은 사람'이라고 말한다. 교제가 넓고 성격이 원만한 사람을 보면 그들은 '그에게는 항상 많은 기회가 주어져.'라고 말한다.

그들은 그 성공자들이 바라는 일을 이루기까지 겪어야 했던 실수와 고통, 그리고 과정의 긴 싸움은 보지 못한다. 그들이 얼마나 큰 대가를 치루었는지를 알지 못하고 불굴의 노력도 이해하지 못한다.

그리고 그들이 극심한 고통을 극복하고 큰 신념을 가짐으로써 비전을 이루었다는 것을 이해하지 못한다. 단지 그 사람들의 업적과 그로 인한 존경만 보고는 '행운'으로 돌려 버린다.

그들은 그 성공자들의 끈질긴 집념을 알지 못하고 단순히 결과만을 본 사람들이다. 그들은 '과정'은 보지 못하고 결과만을 보고 우연이나 행운으로 단정해 버린다.

인간의 모든 업적에는 반드시 노력이 뒤따르며, 거기에 따른 결과가 나온다. 결국 노력의 정도는 결과의 분량이 된다. 결코 우연의 탓이 아니다. 재능이나 능력, 또는 물질적, 정신적 업적은 노력에 의해 얻어진다. 그것들은 사고의 결과이며 비전의 실현이다. 당신의 마음속에 비전을 가지며 이상을 꿈꾸며 그것들을 소중하게 생각하라. 당신의 인생은 이상과 비전에 의해 설계되고 때가 되면 반드시 현실화할 것이다.

6. 바라는 것을 얻는 데 필요한 능력을 개발한다

　당신은 위대하고 놀라운 능력의 소유자이다. 그 능력이 적절히 활용된다면 스스로에 대해 확신을 갖게 될 것이고, 마음의 혼란이 평안으로, 불안은 평화로 변하게 될 것이다.

　많은 사람들이 운명과 인생에 대해서 불평을 한다. 그리고 그들이 소유한 놀라운 능력을 깨닫지 못한다. 만약 당신이 이 능력을 발견하고 활용한다면, 당신의 인생은 변화되고, 원하는 방향으로 발전하게 될 것이다. 슬픔의 생이 기쁨으로 충만한 삶으로 바뀐다. 실패는 성공으로 바뀐다. 한동안 빈곤으로 허덕거렸으나 그때는 부와 번영을 누릴 것이다. 망설임은 확신으로, 실망은 새로운 기쁨과 의욕으로, 새로운 생활이 시작될 것이다. 점점 사람들은 과거의 실패에서 일어나 성공을 향해 갈 것이다. 물론 그 과정에서 어려움과 고난을 만나 많은 고통을 겪기도 할 것이다.

이제까지 게으르고 투쟁적인 삶의 자세를 취해 왔는가? 그런데 그것이 당신 인생에서 무슨 소용이 있었는가?

그뿐이 아니다. 그런 부정적인 자세로는 결단코 성공할 수 없다. 성공은커녕 퇴보할 것이며 그 일이 무엇이든 좋은 결과를 가져오지 못한다는 것을 명심해야 한다.

많은 사람들이 자신이 얻지 못했던 승리를 아이들에게서 얻으려고 한다. 그러나 자신이 얻지 못한 그것이 아이들에게도 맞지 않다는 사실을 뒤늦게 알게 된다.

이러한 경우는 흔히 있는 일로써, 그 자녀들은 부모와 똑같은 길을 걷게 된다. 그리고 오직 하나의 방법밖에 없다고 단정 짓고는 자신의 손으로 인생을 끝마치고자 한다. 자살을 하고 마는 것이다. 그러나 그런 그들은 자신에게 인생을 변화시킬 수 있는 놀라운 능력이 자신에게 있다는 것을 모르고 있다. 단지 그 능력을 깨닫지 못하고 있다. 그들은 다른 사람들도 그들과 같은 방법으로 애쓰고 있다고 생각하고는 이것이 생의 끝이라고 단정해 버린다.

시금석의 비밀

레이문도 데오비스(Raimundo Deovies)는 다음과 같은 이야기를 했다.

알렉산드리아의 대도서관이 불에 타 버렸을 때 한 권의 책만이 화마를 피할 수 있었다. 그러나 그다지 가치 있는 책은 아니었다.

아무튼 어느 날 조금 글을 읽을 줄 아는 가난한 사람이 그 책을 샀다. 그 책은 재미있지는 않았지만 관심을 끄는 것이 하나 있었다.

그 책의 표지는 고급 피지로 되어 있었는데, 거기에는 '시금석의 비밀'이라고 쓰여 있었다. 시금석은 어떤 금속이라도 순수한 금으로 변화시킬 수 있는 조그마한 수정이다. 그 기록에는 그 조그마한 수정이 흑해에 있는데, 아주 비슷하게 보이는 수많은 자갈 중에 섞여 있다고 기록되어 있었다. 그런데 수정은 따스하게 느껴지지만 보통의 자갈은 차갑다는 것이다.

그래서 그는 자신의 전 재산을 팔아 가지고 흑해로 가서 캠프를 쳤다. 그리고 자갈들을 하나하나 조사하기 시작했다.

그는 자갈을 집어 들었다가 차가운 물속에 다시 던져 넣었다. 그는 온 종일 그렇게 앉아서 자갈을 집었다가 다시 던지곤 했다. 그렇게 하여 3년이 흘렀다.

그러던 어느 날 아침, 그는 여느 때처럼 조약돌 하나를 집어 들었다. 그 돌은 따뜻하게 느껴졌다. 그러나 그는 그 돌을 습관적으로 다시 던져 버렸다. 바다에 돌을 던지는 습관이 몸에 배었던 것이다. 그는 그 습성 때문에 그가 3년 동안 고생하며 원했던 것이 주어졌음에도 여전히 그 돌을 던져 버린 것이다.

그렇다. 일생 동안 자신의 놀라운 능력과 여러 번 만나면서도 당신은 그것을 깨닫지 못하고 있다.

당신은 그 놀라운 능력이 여러 번 가까이에 다가왔음에도 불구하고 그것을 깨닫지 못하고 타성으로 팽개쳐 버리지는 않았는가.

　우리는 우리 눈앞에서 그 능력을 보았다. 그 놀라운 능력이 우리 앞에 나타난 것이 한두 번이 아니다. 우리는 그 위대한 힘을 바로 알아야 한다. 그 힘은 누구나 가지고 있는 것이다.

7. 당신에게도 위대한 힘이 있다

　우선 여기서 아프리카 원주민들에게서 일어난 한 사건에 대해 말하고자 한다. 한 탐험가가 아프리카의 미개지로 갔다. 그는 원주민들을 위해 여러 가지 장신구를 가지고 갔는데, 그 중에는 두 개의 거울이 있었다. 그는 이 두 개의 거울을 서로 다른 나무 위에 세워놓았다. 그리고 나서 탐험 계획에 대해 그의 몇몇 일행과 이야기를 나누고 있었다. 그 때 한 원주민이 손에 창을 들고 거울 가까이 오는 것이 보였다. 그 원주민은 거울을 들여다보았다. 그리고는 그 유리를 향해 창을 던져 산산조각을 냈다. 그 탐험가는 그에게로 걸어가서 왜 거울을 박살 내었는가 물어보았다.

　"그가 나를 죽이려고 했어요. 그래서 내가 먼저 그를 죽인 것입니다."

　그 탐험가는 그 원주민에게 거울에 대해 설명하면서 두 번째 거울로 그를 데리고 갔다. 그는 원주민에게 말했다.

"자, 보십시오. 거울이란 당신의 모습이 어떠한가를 보기 위한 물건입니다."

그러자 원주민은 이렇게 대답했다.

"나에게 가르치려고 하지 마시오."

수백만의 사람들이 그 원주민과 같다. 그들은 인생과 투쟁하며 살아간다. 그들은 적을 갖기를 은연중에 기대한다. 그들은 고난이 계속될 것이라고 생각하고 그런 방식으로 행동한다. 그래서 그들은 자신의 놀라운 능력을 깨닫지 못하고 있다.

생을 다스린다

당신의 인생을 변화시킬 수 있는 놀라운 능력을 알지 못하는 것은 마치 뒤뜰에 다이아몬드가 묻혀 있는 것을 알지 못하는 것과 같다.

많은 사람들이 평범한 생활을 하는가 하면 비참한 생활을 한다. 그들이 지닌 놀라운 능력을 깨닫지 못하고, 그것을 활용하지 않기 때문이다. 당신은 생과 더불어 투쟁하려고 하지 말라. 당신의 생을 다스리도록 노력해야 한다. 우리는 하루라도 빨리 그 평범한 진리를 깨달아야 한다. 우리가 생을 최대한으로 활용하려면 먼저 생을 이해해야 한다.

이 놀라운 힘은 누구나 다 활용할 수 있다. 거기에는 어떤 특별한 훈련이나 교육을 필요로 하지 않는다. 어떤 특별한 소질도 필요로 하지 않는다. 부나 명성도 필요로 하지 않는다. 그 놀라운 힘은 신분과 지위를 막론하고 태어날 때부터 가지고 태어난다. 당신은 이 놀라운 힘을 인정하여 받아들이고, 모두 다 활용해야 한다. 그리고 하루빨리 성공의 무대에 올라서야 한다.

선택할 수 있는 능력

많은 사람들이 구두를 사기 위해 구두점에 간다. 그러나 그들은 자신의 선택에 의해 어떤 구두도 다 살 수 있다는 것을 깨닫지 못한다.

또 양품점에 가서 밝은 색의 옷이나 아니면 어두운 색의 것을 그들 마음대로 선택할 수 있다는 사실을 깨닫지 못하고 있다. 또한 그들이 좋아하는 방송국의 채널을 원하는 대로 선택할 수 있으며, 영화관에 갔을 때 2층에서 볼 것인가 아니면 아래층에서 볼 것인가를 선택할 수 있다. 그리고 여행을 하고자할 때 산으로 갈 것인가 바다로 갈 것인가를 선택할 수 있다.

그런데 불행하게도 사람들은 선택의 의미를 올바로 이해하지 못한다. 모든 사람이 소유한 가장 위대하고 놀라운 능력은 선택할 수 있는 능력이다. 당신의 종교적인 신념이 무엇이든지, 당신은 이 능력을 소유할 수 있다. 당신은 구두, 자동차, 라디오 프로그램을 선택할 수 있다.

당신에게 이런 결정을 하게 할 사람은 자신밖에 없다. 당신이 그것을 원했기 때문에 그것을 선택한 것이다.

만약 그 선택이 잘못된 것이면, 당신은 그 책임을 다른 사람에게 전가시키려고 한다. 어떤 사람은 그것을 조상의 탓으로 돌리기도 하고 또 하늘에게 돌린다.

'하늘은 스스로 돕는 자를 돕는다.'는 말을 잘 기억할 것이다.

하늘은 모든 사람에게 스스로를 도울 수 있는 권리를 준다. 즉 그것은 선택할 수 있는 권리이다.

당신이 과식을 했다고 하자. 그 책임은 누구에게 있을까?

음주 운전을 하다가 사고를 냈을 때, 부자가 되려고 했는데 아직도 빈곤에서 벗어나지 못하고 있을 때, 또 삶을 살아가는 법칙을 깨닫지 못했을 때 그 책임을 누구에게 물어야 하는가?

우리를 해치는 사람은 바로 우리 자신이다. 그것은 우리가 태어날 때부터 가지고 있는 선택의 능력을 잘못 사용했기 때문이다. 이제부터 선택의 능력을 바로 사용하자.

chapter 06

성공하는
사람들의 목표를
설정하는
특별한 방법

1. 원하는 것을 '목표'로 바꾼다

거리 한쪽에 서서, 바삐 지나가는 사람들의 모습을 10분만 보라. 수백 명의 사람들이 당신 앞을 지나갈 것이다. 그 중 생의 구체적인 목표를 가진 사람은 과연 얼마나 될까?

만약 당신이 도박을 좋아한다면 그 수백 명의 행인들 가운데 목표를 가진 사람이 한 명도 없다는 것에 돈을 걸 수도 있을 것이다. 또한 만약 당신이 그럴 만한 용기를 가지고 있다면, 그들에게서 목표를 세우는 일이란 '회사의 상사들이나 하는 일'이라는 대답을 듣게 될지도 모른다.

목표를 세우는 것은 축구 코치나 야구 감독들의 일인지도 모른다. 동시에 대통령, 회장이나 관리자들의 일에 깊이 관련된 사람들의 일일지도 모른다.

그렇다면 우리의 월급봉투 두께가 생활을 영위할 만큼 두껍지 않을 경우 자신에 대한 목표를 어떻게 세울 수 있겠는가?

많은 사람들은 생활을 여유 있게 꾸려갈 만큼 많은 봉급을 받지 못한다. 그러나 그렇다고 해서 목표를 세우지 않는다면 그 미래의 생활도 결코 개선되지 않을 것이다. 생활의 발전을 원한다면 그 구체적인 계획을 가지고 있어야 하고, 소득을 어떻게 올릴 것인가를 생각하고, 그것을 위하여 재능을 더 발휘하고, 사회에 대한 자신의 존재 가치를 더욱 높이도록 그 목표를 가져야 할 것이다. 그러나 불행하게도 많은 사람들은 그 구체적인 방향을 잡지 못하고 표류하는 배의 선장과 같다.

목표와 계획을 세우는 방법

이제부터 당신의 목표와 계획에 관해 말해주고 싶다. 그리고 성공을 위해 어떻게 계획을 세울 것인가를 말하고 싶다. 당신의 잠재적인 자아는 훌륭한 목표가 세워졌을 때 살아날 것이며, 그것은 당신에게 아주 중요한 사실이다.

목표는 당신이 성취하고자 하는 목적이다. 계획은 그 목적을 달성하기 위한 구체적인 방법이다. 목표와 계획은 모두 당신의 마음속에 들어 있는 생각이다.

주위를 한 번 살펴보자. 그 모두는, 그것이 자연의 일부가 아니라면 어떤 이의 마음속의 생각에서부터 비롯된 것이다. 예컨대 당신이 입고 있는 의복, 자동차, 즐겨 듣는 음악을 한 번 생각해 보자. 당신이 지금 읽고 있는 책, 마음속에 있는 한 아이디어로부터 시작되었다. 그 아이디어가 목표인 것이다. 내가 늘 사용하는 타자기 역시 18세기의 헨리 밀이라고 하는 영국인의 아이디어에서 나온 것이다. 그 이후 다른 여러 사람들에 의해 더욱 개발되었는데 이것은 그들의 목표가 성취된 것을 보여주고 있다.

당신이 입고 있는 것, 당신의 집이나 아파트에 있는 모든 것, 누군가의 생각에서 비롯된 것이다. 그리고 그 생각한 것들을 설계하고 만들며, 또 파는 일이 또 다른 이들의 목표로 정해진다. 우리가 칫솔을 사용하기까지도 하나의 아이디어에서부터 많은 구체적인 계획에 의한 복잡한 과정을 거쳐서 이루어진다.

모든 눈에 보이는 대상은 사람들의 마음속에 있는 목표와 계획 또는 아이디어에서 시작되었다. 실제로 그 뜻을 이해하고 받아들인다면 당신은 생각하지 못한 커다란 힘을 발휘하게 될 것이다.

많은 사람들이 사고의 세계를 과소평가하는 일은 지극히 불행한 일이 아닐 수 없다. 우리가 어떤 사람을 '지적'이라고 말할 때 그것은 반드시 입바른 소리만은 아니다. 우리는 '행동가'를 존경하면서도 그들이 모두 생각이 깊었던 사람들이라는 사실을 깨닫지 못하고 있다. 어떤 사물을 제대로 보지 못하므로 인간의 마음속에서 구체화된 목표와 계획에 의해 우리 주위가 변화되고 있다는 사실을 깨닫지 못하고 있다.

우리의 교육 제도는 학생들에게 목표를 세우고, 그 목표를 달성하기 위해 현실적인 계획을 세우는 것을 가르치는 일을 소홀히 하고 있다. 믿기 어렵지만 분명한 사실이다. 당신의 고교 시절, 그와 같은 교육을 받았는가? 대학 시절에 받았는가? 나는 결코 들어본 적이 없다.

우리의 학교조차도 그와 같이 중요한 부분을 다루지 않고 있는 것이다. 목표를 세우고 계획해야 한다는 생각이 많은 사람들의 마음에서 멀어지고 있다. 그럼에도 불구하고 인생의 모든 면에 '어떻게 성공해야 할 것'인가를 배우는 일보다 더 중요한 것은 없다.

사실 이런 생각은 하나의 생활 방식이 되어야 한다. 그래서 부모가 그 자녀들에게 물려줄 수 있어야 한다.

나는 때때로 사람들에게 목표와 계획을 강조한다. 이 경우 대부분의 사람들은 "예, 기업계에서 성공하는 것이에요.", "과학분야에서 성공하는 것이에요."라는 식으로 이야기한다. 그들은 결코 결혼과 같은 비사업적이고 개인적인 것은 생각하지 않는다.

사업보다 가정이 먼저이다

언젠가 만났던 한 환자를 나는 지금까지도 잊지 못한다.

43세의 아더라는 사람이었다. 그는 사업가였는데 신경쇠약증으로 나를 찾아왔다. 처음에 그는 한 동업자와 의류점을 개업했다. 사업은 순풍에 돛단 듯 잘 되었다. 그때 그 동업자에게 문제가 생겼다. 그는 관리자로 일을 할 때까지는 좋았다. 그런데 갑자기 그가 아더에게는 중요한 여러 가지 생각에 뜻을 달리했다. 사실 아더는 자신의 사업적인 판단에 있어서 항상 자부심을 가지고 있었기 때문에 그의 비판에는 자신감을 잃게 되었다. 그러면 실제로 그의 생각이 틀린 것일까? 43살의 구시대의 사람이었을까?

아더는 그의 사업 문제를 얘기하며 부인인 마리의 이야기를 했다. 그들은 20년 전에 결혼했으며 10대의 두 자녀가 있었다. 그는 사업 초기에 그의 부인이 그에게 큰 힘이 되었다는 얘기도 했다. 물론 그는 내게 결혼 상담을 위해서 오진 않았다. 그렇지만 의사인 나와는 그는 그의 부인과의 관계를 진지하게 이야기하기 시작했다. 나는 그들이 결혼 초기에 느꼈던 다정함이 어느새 무미건조한 관계로 바뀌어져 있는 것처럼 보인다는 사실을 지적했다. 그리고 그에게 어떤 목표와 계획을 세우도록 조언을 했다.

그 때 그가 이렇게 말했다.

"박사님, 정말 놀랍군요! 저는 사업에 대한 목표는 세웠지만 결혼 생활에 대해서 목표를 세운다는 것은 결코 생각해 보지도 않았습니다!"

그는 결혼하기 전 그의 부인과의 로맨스를 다소 수줍은 태도로 말했다. 그리고 결혼 이후 얼마 동안은 모든 일이 낭만적이고 자발적으로 이루어졌다고 고백했다.

진지한 논의 끝에 그는 예전의 사랑을 되살리도록 한다는 새로운 목표를 세운 후, 그 구체적인 계획을 실행해 보기로 다짐

했다.

나는 우선 큰 부담을 느끼지 않는 손쉬운 작은 계획부터 실행하도록 조언을 해주었다.

아더는 우선 한 묶음의 '사랑의 메시지' 카드를 사서 이따금씩 그 아내에게 엽서를 보내기로 계획을 세웠다. 그들 부부는 또 매년 6월 16일, 결혼기념일을 자축하기는 했지만 의무적이었으므로 그 보완책으로 나는 매달 16일에 '기념일'을 즐기도록 권유했다. 또한 둘만의 시간, 즉 보다 자주 저녁 외식을 하도록 권유했다.

어떤 사람들은 이러한 조언에 대해서 "그런 계획에는 자발성이 없다. 그런 일을 아더가 스스로 생각한 것이냐?" 하고 반문할지 모른다. 물론 맞는 말이다. 그러나 만약 그런 조언을 받지 않았다면 그는 자발적으로 그렇게 해야겠다는 생각도 갖지 못했을 것이다. 아더는 계획대로 실행했다. 그의 부인은 그의 변화에 아주 기뻐하면서 그녀 역시 그가 좋아하는 요리를 준비하고 결혼 초기의 다정했던 모습을 되찾기 시작했다.

"저희 부부는 까맣게 잊고 있었던 초기의 기분으로 새롭게 살아가고 있습니다."

그는 행복한 표정으로 말했다. 그의 결혼 생활은 변화되기 시작했고 또한 그의 사업도 큰 성공을 거두었다. 어떤 창의성은 또 다른 면에서의 창의성을 유발하는 경우가 많다.

2. 의미 있는 목표의 조건

　대부분의 사람들은 목표와 계획이 없다. 아주 불행한 일이다. 그러나 그렇게 놀랄 필요는 없다. 왜냐하면 목표나 계획은 우리 가운데서 소홀해질 수도 있는 것이기도 하기 때문이다.

　많은 사람들이 매일매일, 매주, 매달, 매년, 쉬지 않고 일한다. 그 중 어떤 이들은 목표를 가지고 있기도 하지만 그 목표역시 아주 모호하고 수동적이어서 제대로 그 기능을 다하지 못한다. 예컨대 목표가 '물질적인 것'에 한정되는 경우이다.

　그들은 새로운 사업, 새로운 여행, 또는 어떤 상품만을 목표로 세우곤 한다. 사실 그렇지 않은가? 물론 그러한 목표를 달성하기 위해서는 돈이 필요하다. 여기에서 우리는 분명히 해야할 점이 있다. 그것은 물질적인 그 목적 달성을 하는 데 필요한 돈을 어떻게 얻느냐에 대한 계획이다. 또 어떤 이들은 목표는 있으면서도 잠재의식 속에서 애매모호한 것으로 끝나곤 한다.

그들은 도저히 불가능한 목표를 세운다.

그 예로 내 환자 중 한 사람을 소개하겠다. B씨인 그는 35세에 일단 직장에서 은퇴한다는 목표를 가지고 있었다. 그러나 사정이 여의치 않았다. 그래서 그는 35회 생일을 비참하게 보냈다. 물론 그는 그 직장에서 훌륭하게 성공했다. 그러나 그의 목표는 너무나 비현실적이었다.

자 생각해 보자. 35세에 은퇴하여 자립할 수 있는 사람이 과연 얼마나 되겠는가? 또 꼭 그렇게 해야 할 이유가 있는가? 물론 그 나름대로의 이유는 있을 것이다. 그러나 B씨의 경우, 직장을 그만둔 후에 무엇을 해야 할 것인가 구체적인 계획이 없었다. '35세의 은퇴', 물론 그것이 그의 목표였다. 그렇지만 그 목표는 남은 생애와의 연관성을 갖지 못했던 것이다. 만약 그의 목표대로 되었더라면 그는 그것이 막연히 이루어졌다는 것을 깨닫게 될 것이다.

그 목표는 비현실적이고 완전한 것이 아니었다.

이제 나는 의미 있는 목표를 계발시키며, 그 목표를 분명히 하는, 또한 그 목표를 달성하기 위해 구체적인 계획을 세우는 법을 말하려 한다.

첫째, 목표는 당신의 직장이 그 대상이 될 수 있다. 당신은 마음속에 여러 가지 목표를 세울 수 있다. '돈을 벌겠다', 혹은 여행이나 새집, 새 차가 목표가 될 수도 있고 자녀의 대학 입학이 목표가 될 수도 있다. 아무튼 그 모든 목표들을 성취할 수 있도록 도와주는 곳은 바로 당신의 직장이라는 점을 잊으면 안 된다.

목표는 당신의 결혼 생활이 될 수도 있다. 그렇다면 아마도 당신의 장래에 생길지도 모를 이혼을 방지할 수 있으며 부부 간의 관계를 더욱 깊게 할 수도 있다.

목표의 대상은 자녀일 수도 있다. 대부분 부모들은 자녀에 대한 목표나 계획을 소홀히 하는 경향이 있다.

마치 소방수처럼 그들은 하루하루 당면한 문제인 불을 끄는 데만 정신이 팔려 자녀를 위한 장기적인 목표나 계획을 세우지 못한다. 이런 부모들은 자녀들이 장래 어떤 방향으로 갈 것인가를 소홀히 하며, 끝내는 그들과의 감정적인 대립을 면치 못하게 된다.

당신이 결혼을 하지 않았다면 행복하고 지속적인 관계를 유지할 수 있는 대상을 선택하여 결혼해야겠다는 목표를 세울 수도 있다.

어떤 사람이 이렇게 말했다.

"대부분의 사람들이 그들의 남은 생애를 멋지게 보낼 사람을 어떻게 만날 것인가보다 새 차를 선택하는 데 더 많은 시간과 관심을 쏟고 있습니다. 안타까운 일입니다."

마지막으로 목표의 대상은 친구가 될 수도 있다. 오늘날의 우정은 얼마나 이기적이고 피상적으로 되고 있는가? 당신은 진실한 친구 관계를 원하지 않는가?

여유를 가지고 목표를 생각하라

이와 같이 목표의 대상은 여러 가지이다. 일을 통해 당신은 새로운 목표를 가지기를 원한다. 당신은 마음속에 어떤 목표를 가지고 있는가? 새로운 아이디어를 가지고 있는가?

목표는 진지하게 여유를 가지고 생각해야 한다. 시간이 없다면 매일의 당신의 통근 시간을 활용하라. 당신 가정생활과 결혼생활, 그리고 자녀와의 관계를 더욱 풍요롭게 하라. 자녀의 장래에 대해서도 생각하라.

그리고 매일매일 자신의 존재 가치를 생각하라. 생에 이와 같은 여러 가지 면을 생각하며, 어떻게 발전하고 행복한 생활을 영위할 수 있는가를 생각하라. 이 때, 당신의 생각은 보다 창의적이 되어야 한다. 누군가의 모방에서 벗어나 당신만의 꿈을 찾아라. 이러한 가운데서 당신은 하루나 이틀, 아니면 좀더 짧은 기간에 구체적인 계획을 세우게 될 것이다.

자 이제는 당신의 그 생각을 구체적인 행동으로 옮겨야 하는 아주 중요한 단계이다. 모든 편견에서 벗어날 수 있도록 단 30분이라도 시간을 내라. 그리고 당신이 해왔던 이전의 목표와 그 새로운 목표와의 조화를 위해서 몇 분의 시간을 허용하자. 그 목표에 당신이 생각할 수 있는 모든 것을 포함시켜라. 이때는 당신의 아이디어가 현실적이라든지 비현실적이라든지 그런 생각은 하지 말라. 그리고 그 목표를 글로 써 보아라. 그런 다음 주의 깊게 검토해 보고 다섯 가지 정도를 선택하여라. 당신은 이러한 과정이 매우 효과적인 것임을 알게 될 것이다.

다음 단계는 이 다섯 가지 목표에 어떻게 도달할 것인가, 그 방법을 결정하는 일이다. 대부분의 사람들이 여기에서 포기를 하곤 한다. 그 이유는 지나치게 큰 계획을 원했기 때문이다. 그래서 생각한 대로 즉시 목표가 달성되지 못하면 실망해서 포기해 버린다.

그들은 자동 학습기의 교훈을 배우지 못한 사람들이다.

'자동 학습기'라는 말을 들어본 적이 있는가? 아마도 들어보기는 했어도 사실 그 학습기의 작동 방법이나 심리적인 원칙에 익숙치 못할 것이다(자동 학습기와 체계화된 책은 같은 원리에 기초를 둔 것). 자동 학습기와 체계화된 책은 처음에 아주 쉬운 질문으로 시작하도록 만들어져 있으며, 그 문제를 충분히 알기 전까지는 다음 문제로 결코 넘어가지 않는다. 그리고 마지막에는 아주 까다로운 문제로 구성되어 있는데 이것은 학생들이 처음부터 쉽게 이해하며 의욕을 가질 수 있도록 하기 위함이다.

자동 학습기의 지도 방식을 당신에게 적용해 보아라. 우선 당신의 목표를 글로 써라. 그리고 목표를 여러 단계로 분리시켜서 아주 쉬운 단계부터 차근차근 해나가는 것이다.

내 환자 중 한 사람인 맥스는 46세밖에 되지 않았는데 보기 사나울 만큼 몸이 비대했다. 그는 목표를 세웠다. 예전의 훌륭한 몸매로 회복하는 것이었다. 나는 그에게 그 목표를 달성하기 위해 어떻게 해야 할 것인가를 물었다. 물론 돈이 많이 들었다. 그는 살을 빼기 위한 적응 프로그램에 가입하고 싶다고 말했다. 그래서 그는 출근하기 전, 가입한 클럽의 풀장에서 20바퀴를 돈다는 계획을 세웠다. 그리고 퇴근 후 집으로 돌아오는 길에는 체육관에 들러서 각종 운동 기구를 이용해 볼 생각이라고 말했다. 그러나 나는 그 계획이 지나치게 벅차서 몇 주 지나지 않아 포기할 것임을 알았다. 나의 생각은 적중했다.

나는 그에게 무리한 방법보다는 자동 학습기의 방법을 쓰는 것이 좋다고 말했다.

그는 조깅을 좋아했다. 그래서 우리는 하루에 30분씩, 그의 집 주위를 가볍게 뛰는 데 의견을 같이 했다. 그는 또 위장이 약해서 윗몸일으키기를 하고 싶어 했다. 그래서 우선 첫 주에는 하루에 한 번씩 윗몸일으키기를 하기로 했다.

물론 아주 쉬운 것부터 시작했기 때문에 계획대로 잘 되었다. 5개월 후, 그는 조깅을 1시간 30분으로 늘리고 매일 아침 50번씩 윗몸일으키기를 계속할 수 있게 되었다.

단계적인 계획을 세워라

당신은 목표를 달성하기 위한, 단계적인 계획을 세우고 있는가? 그 목표가 어떤 것이든 맥스씨의 인내와 그에 대한 나의 조언을 잊지 않기를 바란다. 그리고 성공을 원한다면 그 제 1단계를 쉽게 해야 한다. 점차로 단계를 높여가면 된다. 결코 서두르면 안된다.

M씨와 그에 대한 계획과 내 충고를 생각하면 J양이 생각난다. 그녀는 여러 해 동안 체중이 줄었다 늘었다 했다. 그녀는 체중을 줄이고, 그 체중을 계속 유지하기를 원했다. 그녀와 나는 그녀의 목표를 진지하게 이야기했다. 그래서 나는 그녀가 과거에 다이어트에 의해서 많은 체중을 신속히 줄였다는 사실을 알았다. 결국 그녀는 줄인 체중만큼 다시 체중이 늘어났다.

J양은 체중 조절에 관한 많은 책을 읽었다. 그녀는 보다 서서히 체중을 줄이면 성공할 수 있다는 사실을 깨달았다.

그녀는 일주일에 500g을 줄이는 목표를 세웠다. 일주일에 1kg의 체중을 줄이기 위해서는 3,500칼로리의 열량을 줄여야 하지만 500g을 줄인다면 매일 250칼로리만 적게 섭취하면 되었다. 불가능한 일은 아니었다. 그 계획을 보다 쉽게 하기 위해서 그녀는 자신에 대해서 '보상'을 생각했다.

그녀는 직장에서 2주마다 급료를 받았다. 그녀는 달력 위에 6개월 동안, 급료를 받는 날짜에 목표하는 체중을 표시해 놓았다(즉 이전 급료 받는 날보다 1kg의 체중을 줄인다는 것). 그리고 그녀는 그 목표가 달성되면 자신을 위해 비싸지 않은 선물─ 음식을 제외하고 ─을 샀다. 계획의 각 단계에서 목표를 성취한 대가로 그 무엇을 사는 일은, 계획을 실행하는 데 있어서 큰 촉진제가 되었다. 그녀는 생애 처음으로 원하는 체중을 유지할 수 있었다.

3. 효과적으로 계획을 세우는 방법

　만약 당신의 마음속에 있는 억압된 면만 개입하지 않는다면 목표는 이미 성취되고 있는 것이다. 처음에는 서서히 실행에 옮겨 성공을 함으로써 자신감을 얻는 외에 당신에게 또 한가지 필요한 것이 있다. 그것은 목표를 향한 진지한 욕구이다. 욕구는 당신의 행동을 이끌어간다.

　목표를 향해 가는 데 있어서 어떤 사람들은 종종 스스로 무력해지는 경우가 있다. 만약 당신에게 약간의 진보는 있지만, 거기서 멈추어야 한다면 목표를 다시 한 번 살펴보아야 한다. 그것이 얼마나 중요한가를 생각해 보고 그 목표를 버리거나 더 적합한 목표로 바꾸어라. 그리고 그 목표를 성취할 만한 새로운 마음가짐으로 가꾸면 된다.

　처음에 다섯 가지 목표를 선택했다. 그 때 당신의 잠재의식이 각 단계의 계획을 실행해 나가는 데 도움이 되도록 해야 한다. 당신이 당면한 그 문제에 의식적인 마음과 무의식이 함께 작용하게 되면서 창의성은 최대한 활동하게 될 것이다.

이제 각 단계의 계획을 어떻게 유익하게 활용할 수 있는가를 알아보자. 세 개, 혹은 다섯 개의 카드 위에 다섯 가지 목표를 간단히 써라. 그리고 그 목표로 가는 각 단계를 간단히 적어 두어라. 카드 중에 하나는 매일 보게 되는 거울에 붙여둔다. 두 번째 카드는 주머니나 지갑에 넣고 다닌다. 이렇게 함으로써 당신은 매일 의식적으로나 무의식적으로 그 각 단계를 마음속에 새기게 될 것이다.

조바심은 금물이다

지나치게 조바심을 갖거나 서두르지 말라. 목표 달성을 위한 '가장 적절한 방법'에 따르라. 근무 시간 중에도 의식적으로 목표와 그 실행 방법을 생각하라. 당신의 무의식의 마음까지도 활동을 하게 될 것이다. 그럼으로써 당신의 무의식은 점심을 먹거나 테니스를 칠 때와 같은 예기치 않은 때 능력을 발휘할 수도 있다. 언제든지 가능한 떠오른 모든 생각을 적어두어야 한다.

지금까지 주로 실제적이고 도달 가능한 목표에 관해 이야기해 왔다. 만약 장기적인 목표, 예를 들면 의사가 되고자 하는 경우, 그 목표에 도달하기 위해 구체적인 단계를 세울 필요가 있다.

물론 목표가 현실적이고 실제적이어야 하는 것은 두말 할 필요도 없다. 만약 당신이 현재 55세라면 그 목표는 현실적이지 못하다. 아마 22살이라면 가능한 일일 것이다. 먼저 아이디어와 일에 대한 열정을 가지겠다고 결심해야 한다. 그리고 목표에 전념하기 전에 그에 대한 전문적인 평가를 받는 것도 도움이 된다.

어떤 목표는 현실적인 것이 될 수 있다. 새로운 과학적 발견으로 인해 당신 회사 내에 새로운 생산부가 조직될 가능성도 있다. 이 때 당신의 실제적인 목표는 전 회사를 대상으로 하기보다는 그 생산부로 제한해야 되는 것이다.

당신은 목표나 계획을 변경할 수 없는, 즉 그것을 대리석에 새겨 놓을 만큼 고정적인 것이라고 생각하면 안 된다. 목표와 계획은 모두 변할 수 있는 것이다. 만약 자의든 타의든 목표를 변경시켜야 할 경우, 결코 '실패' 한 것이 아니다.

목표는 이상이다. 따라서 주위의 여건은 당신의 꿈을 더 낮추게 하려 할 것이다. 그래서 당신의 계획 중 25%만을 달성할지도 모른다. 그러나 만약 당신이 그 목표를 세우지 않았더라면 그 25%조차도 얻지 못했을 것이라는 사실을 기억하라.

예컨대 당신은 자녀들에 관한 어떤 목표를 세웠다. 그러면 그에 대한 구체적인 계획을 생각해야 한다. 계획 후, 당신과 자녀는 목표를 위해 열심히 노력했다. 그런데 목표의 50% 정도만 달성되었다. 그렇다. 당신의 목표가 어떤 것이든 경우에 따라서는 전혀 진보가 없는 것처럼 보일 때도 있다. 그 때, 그 50%

의 목표 달성을 인정하고 오히려 아이들을 격려해 주는 것이 현명하다.

어떤 목표는 여러 가지 어려움이 따르지만 그래도 계속 시도하고 싶은 것일 수도 있다. 그러나 그 목표가 더 이상 현실적인 것이 아닐 경우, 당신은 다른 목표를 선택해야만 한다.

목표가 완전한 기준이 되어서는 안 된다. 100%의 기준을 고집하면 자칫 당신은 '실패자'로 몰리게 된다.

야구 선수의 평균 타율을 생각해 보라. 30% 정도의 타율로도 그들은 훌륭한 타자가 되고 있다. 당신의 목표에도 그와 같은 정도의 여유를 두어야 한다. 당신의 목표에 100%를 고집하지 말라.

완전하다면 인간이 아닐 것이다.

지금까지 나는 많은 것들을 얘기했다. 만약 그 모두를 실행한다면 당신은 보통의 사람들보다 많은 성공을 하게 될 것이라고 확신한다.

먼저 목표를 5가지로 분명히 정하는 것이 필요하다. 물론 그것을 다 얻을 수 없을지도 모른다. 그러나 적어도 그 몇 가지는 달성할 수 있다.

목표를 실현하기 위한 계획을 세울 경우, 자동 학습기의 원리를 이용할 필요가 있다. 처음에는 아주 쉬운 계획으로부터 시작하라. 그것을 시작하는 데 도움을 줄 뿐 아니라 그 목표를 성공적으로 이끌게 할 것이다.

융통성을 가져라

이제 융통성을 지녀야 한다. 결코 목표나 계획을 고정적인, 변할 수 없는 것이라고 고집하지 말라. 목표가 당신을 지배하지 않도록 목표를 지배하라. 그리고 생활에 부담이나 어떤 압박감을 주려고 하지 말라. 중요한 것은 중심을 잃지 않는 일이다.

목표가 당신의 사업이나 물질에만 관련되어 그 외의 목표가 상실되지 않도록 주의하라.

목표는 당신의 결혼 생활, 자녀 문제, 친구 관계에서도 있을 수 있다. 당신의 생활을 보다 알차게 하는 목표는 어떤 것보다 중요하다는 사실을 기억할 필요가 있다. 나는 당신에게 다섯 가지 목표를 선택하도록 말했다. 물론 그것은 여러 가지 목표 중에서도 중요도에 따라 선택된 것이다. 따라서 한 번 정한 5가지 목표를 일생의 영원한 목표가 될 것이라고 생각하지 말라.

어떤 목표를 얻게 되면 당신의 목표에서 그것을 지워 버리고 새로운 목표로 바꾸어라. 어떤 특별한 목표가 더 이상 현실적이지도 않고 바랄 만하지도 않다고 깨닫게 될 경우, 그 목표를 조정하거나 다른 목표로 바꾸어야 한다.

당신의 생활 속에서 항상 쉬지 않고 그 목표를 위해 노력해야 한다. 대부분의 사람들이 그들의 생활을 분명한 목표와 계획 없이 되어가는 대로 그럭저럭 보낸다. 여기서 당신의 생활이 어떤 목표에 집중되고 있는지, 그 구체적인 계획은 있는지 재검

토 해보아야 할 것이다. 그래야만 생활의 모든 면에 있어서 '발전과 향상'을 기대할 수 있을 것이다. 동시에 당신의 위치는 더욱 향상되고 행복감 역시 커질 것이라 확신한다.

chapter 07

삶에 열정을
불어넣는다

1. 열정의 의미

만약 'Quitter'를 정의하라고 한다면 당신은 '아주 쉽게 포기해버리는 사람'이라고 대답할 것이다.

당신은 누군가 포기하지 않고 계속 전진하는 것을 보고 이상해 하는가? 사실 그들은 어떤 장애에도 굴하지 않고 승리하기까지 결코 포기하지 않는다. 그것은 마라톤 경기와도 같다. 어떤 선수는 골인 테이프를 눈앞에 두고도 포기하는가 하면 또 어떤 이들은 꼴찌를 하더라도 끝까지 달린다.

용기, 즉 인내하는 용기는 타고난 것일까? 결코 그렇지 않다.

소망하는 것을 손에 넣기까지 그 일에 매달리는 끈기는 타고난 것이 아니다.

그러면 인내자와 포기자의 큰 차이점은 무엇일까? 그것은 열정, 열의이다!

당신의 생을 한 번 되돌아보라. 과거에 실패했던 어떤 목표가 있었는가? 아마도 그 이유는 그 일에 대한 당신의 열의의 부족임을 느낄 것이다.

어떤 사소한 문제에서는 '중도 포기'가 그렇게 문제가 되지 않을 것이다. 그러나 그런 자세는 결혼이나 직업과 같은 중요한 것에서도 자신도 모르게 나타나곤 한다.

당신의 인생을 보다 알차게 보내는 데 필요한 열정이 식고 있지나 않는가? 항상 마음속에 그 열정을 유지할 수 있는 방법을 알지 못한다면 그것은 곧 식어 버릴지도 모른다.

나는 존 올브라이엔(John O' Brien) 신부와 자주 아이디어를 교환했다. 그 시간은 매우 유익한 시간이었다. 그는 또 신학 대학의 교수이기도 했다. 언젠가 나는 그와 열정에 관해 진지하게 토론했던 일을 기억한다. 나는 그 때 이런 말을 했다.

나는 말했다.

"열정은 성공하는 데 필요한 가장 중요한 요소입니다."

"그렇다. 성공한, 유능하고 능력 있는 세일즈맨이나 그 밖의 사람들에게 있어 절대적으로 필요한 첫 번째 요소는 '열정'이지요."

나는 또 물었다.

"당신은 열정의 의미가 무엇이라고 생각하십니까?"

"당신은 그렇게 널리 사용되고 있는 그 말의 어원을 알고 싶어 하시리라고 생각합니다. '열정'이란 단어는 희랍어에서 나온 것인데 두 개의 단어가 합쳐진 것이지요. 첫 번째 단어는 '테스 (Theos)' 입니다. 그것은 하나님을 의미합니다. 두 번째 단어는

'엔테(En-Tae)'입니다. 희랍인들은 이 용어를 예부터 써오고 있습니다.

이 말은 글자 그대로 '당신 안에 계신 하나님', 즉 모든 선과 미와 진리와 정직 그리고 사랑의 창조자시오, 근원이신 하나님을 의미합니다. 하나님은 비전을 소유하고…… 정열이 가득한…… 꿈을 다짐한 실현하기로 사람들의 가슴속에 계십니다. 하나님은 거기에 계시는 것입니다. 하나님은 열정의 불꽃을 타오르게 합니다. 그 불은 하나님 자신에 의해서 지피워졌습니다."

그는 깊은 생각에 잠시 잠긴 후 계속해서 같은 의미가 담긴 한 얘기를 들려주었다.

한 번은 크누트 로크네(Knute Rockne)가 가장 유능하고 재능있는 한 선수의 병실을 방문한 적이 있었다. 그 선수의 병은 치명적이었다. 조지 깁(George Gibb), 그는 우리의 기억에 언제나 남아 있는 인물이었다. 그는 열정과 기쁨, 희망, 용기를 노틀담 유니폼을 입은 모든 선수들에게 심어주었다. 그는 "나는 내 지역에서 상대방에게 기회를 준 적이 결코 없었다." 하고 자신 있게 말했었다.

로크네는 그의 침대 옆에서 잠깐 대화를 한 후, 그의 생애 가장 큰 시련을 극복할 수 있는 용기와 힘을 주도록 기도해 주었다. 그때 깁이 로크네 신부에게 "나는 지금 나가기는 어렵겠어요. 지금은 축구 시즌의 후반에 접어들고 있으니까요." 하고 말했다. 계속해서 그는 덧붙여 말했다. "지금 출전하기는 분명 어렵습니다. 그러나 사태가 어려워지고, 우리 선수들의 실수가 잦을 때는 날 위해 꼭 한 번만 더 승리해 달라고 말해 주십시오. 저는 그곳에 없을지라도 그 일이 분명 일어날 것입니다."

그 때 노틀담팀은 가장 강적인 아미팀과 경기를 하고 있었다. 그런데 로크네가 코치로 있는 노틀담팀은 가장 약팀 중에 하나였다. 전반전이 끝났을 때, 스코어는 21대 7로 아미팀이 절대로 유리했다. 선수들이 휴식 시간에 경기장에서 록커룸으로 들어왔을 때 로크네는 진지하고 엄숙한 모습으로 깁의 이야기를 들려주었다.

그는 이렇게 말했다.

"이제 너희들에게 깁의 이야기를 해도 좋은 시간이 다가왔다. 나는 한 번도 그 말을 너희들에게 한 적이 없었을 것이다. 그러나 상황은 달라졌다. 오늘 게임은 너무 풀리지 않고 있다……, 너무나 범실이 많다……, 너희들은 지나치게 서두르고 있는 것 같다."

로크네는 노틀담의 유니폼을 입었던 선수 깁이 남긴 마지막 말을 들려주고 이렇게 지시했다.

"열정을 가지고 운동장에 나가라. 그리고 그를 위해 한 번 더 이겨보자."

선수들은 모두 숙연해졌다. 그들은 로커룸을 나갔다. 그때 그들은 이미 예전에 그들이 아니었다. 그들은 볼을 차단하고, 힘껏 달리고, 정확하게 패스를 했다. 로크네는 이렇게 말했다.

"나는 아주 평범한 재능을 가진 팀이 그러한 용기, 정열, 패기를 가졌던 것을 결코 본 적이 없다."

어둠이 경기장에 드리워졌을 때, 그 날의 스코어는 28대 21로 노틀담의 승리였다.

만약 당신이 그 로커룸으로 가본다면 동판 위에 다음과 같은 말이 기록되어 있는 것을 볼 것이다.

"경기가 풀리지 않고 선수들이 동요할 때는 깁을 위해 한 번 더 승리하자."

이러한 정신이 해마다 평범한 능력의 선수들에게 변화를 주고 열정과 용기를 주었다. 그 열정이 없이는 어떤 시합에서도 승리할 수 없을 것이다.

2. 열정을 개발하라

당신의 직업은 무엇인가? 경영자, 변호사, 의사, 교사, 세일즈맨, 관리자, 감독관, 기술자, 운동 코치, 혹 성직자는 아니십니까?

어떤 일에 종사하든 당신은 다른 이에게 영향을 미치고, 목표를 달성하고, 원하지 않는 습성을 버려야 하는 어려운 싸움을 하고 있을 것이다.

승리와 실패는 자발적인 마음가짐에 달려 있다. 즉 자발적으로 깊이 생각하고 계획하며 보다 긍정적인 자세로써 부정적인 생각을 버려야 한다.

오브라이엔은 "열정이 식으면 어떤 중요한 싸움에서도 승리할 수 없다."고 말했다. 이 말에 당신은 "어떻게 열정을 개발시킬 수 있습니까?" 하고 물을 것이다. 여기 그 해답을 알려주겠다. 목표에 집중시켜야 한다. 그 목표가 가치 있고 바람직한 것일수록 더 큰 집중과 정열을 지니게 될 것이다.

윌리암 제임스의 다음 말을 명심하고 행동으로 옮겨라.

"감정은 언제나 이성에 지배되기보다 직접적인 행동에 지배된다."

예컨대 지금 당신이 수천 명의 청중 앞에서 강연을 해야 한다. 그런데 당신은 대중 연설을 한 적이 한 번도 없다. 당연히 당신은 긴장되고 두려워질 것이다. 이 때 당신은 자신에게 어떤 동기를 부여해야 한다. "성공은 행동가의 것이다. 시도가 없는 곳에서는 잃는 것도 없겠지만 얻는 것도 없다. 만약 어떤 것이든 행동에 옮긴다면 많은 것을 얻게 될 것이다." 하고 자신에게 말하는 것이다.

그리고 이렇게 다짐하자. "지금 일어서서 직접 행동으로 부딪치자. 연단 위로 올라가자."

물론 그렇게 연단 위에 선다고 해도 두려움이 모두 사라지는 것은 아니다. 그 두려움을 없애기 위해서는 다음의 행동이 필요하다. 크게, 빠르게 말하고, 중요한 말을 강조하며, 마침표나 또 다른 구두점이 있는 단어에서는 잠깐 여유를 두어라. 목소리를 부드럽게, 그리고 톤을 상황에 맞춰 조절하라. 여유를 가지고 대화조로 열정적으로 말하라. 백이면 백 모두 성공할 것이다. 제임스 교수는 우리 모두에게 적용되는 일반적인 진리를 제시하고 있다. 감정, 기분, 느낌은 행동 다음에 온다.

당신은 열정적이길 원하는가? 열정적으로 행동하라.

3. 나쁜 습성을 없애라

당신에게 생각이 있다면 습성의 의미를 분명히 알 것이다.

존 드라이덴(John Dryden)은 말했다.

"우리는 먼저 우리의 습성을 만든다. 그리고 나서 그 습성은 우리를 지배한다."

또 호래이스 맨(Horace Mann)은 이렇게 말한다.

"습성이라는 사슬은 끊을 수 없을 만큼 강해지기까지 너무 가늘어서 느끼기가 어렵다."

미국의 천재 벤자민 프랭클린, 그의 강연을 듣기 위해 기대 이상으로 많이 모인 사람들에게 벤자민 프랭클린이 어떻게 자신의 나쁜 습성의 사슬을 끊었는가를 알려 주었다.

당신은 전 생을 통해서 참으로 많은 습성을 가지게 된다. 물론 그 대부분은 살아가는 데 중요한 역할을 한다. 당신은 매일 운전을 한다. 처음으로 운전을 마스터한 뒤, 차를 당신은 매일 운전을 한다. 처음으로 운전을 마스터한 뒤, 차를 운전하는 데 필요한 여러 가지 행동이 요구되는데 세월이 흘러 어느덧 그것이 습성이 된다. 그렇지 않고 만약에 그 동작 하나하나를 일일이 생각해보고 한다면 당신은 얼마 안 있어 고속도로 위의 가엾은 희생자가 될 것이다.

당신에게는 많은 좋은 습관이 있다. 그러나 나쁜 습성도 많다. 자신에 대해서 시간을 갖고 곰곰이 생각해 보면, 그 나쁜 습성이 발전을 저해하고 또 그에 대한 대처법을 모르고 있음을 시인하게 될 것이다. 그러나 시인하는 것 이상의 어떤 변명도 하지 말라.

담대하고 진지한 계획을

나는 도덕적인 완전함이 도달하기 위해 참으로 담대한 계획을 세웠다. 어떤 경우에도 작은 과실도 저지르지 않고 살기를 원한다. 그리고 나는 천성적인 성격, 습성, 또는 어떤 모임들이나 자신을 지배하는 것을 막고 싶었다. 나는 옳고 그른 것이 무엇인가를 알고 있다고 생각했다. 그런데 왜 항상 원하는 일은 하지 못하고, 원하지 않는 일을 피할 수 없는가를 몰랐다. 이윽고 나는 생각 이상의 어려운 일들을 하려 하고 있음을 알았다.

어떤 잘못도 저지르지 않고 싶었다. 그런데도 내가 저지른 잘못을 보고 놀라곤 한 적이 한두 번이 아니었다. 습성은 무관심을 이용하며, 사실 어떤 타성은 지나치게 강하게 작용한다.

마침내 나는 완전한 덕을 쌓고자 하는 그것만으로는 역부족이라는 사실을 깨달았다. 그리고 어떤 정직한 행동을 하기 전에 좋지 않은 습성부터 없애야 한다는 것을 깨닫게 되었다.

그래서 나는 다음의 방법을 생각해 내었다. 도덕적인 것에 관해서는 여러 가지로 말할 수 있고 그 종류도 다양하다. 그러나 서로 다른 입장을 가진 사람도 똑같은 이름하에서 더 많은 생각을 넣거나 또는 그보다 적은 생각을 포함시킬 수 있음을 알았다. 예컨대 '절제'를 생각해보자. 어떤 사람들은 '절제'를 술 마시는 것에 한정시킨다. 그러나 어떤 사람들은 쾌락, 식욕, 성격, 또는 흥분, 우리의 탐욕과 야심에서 그 '절제'를 생각한다.

그래서 그 당시, 내게 꼭 필요하고 바람직하며 서로 연관성이 있는 것이라고 생각되는 덕의 명칭을 13가지로 분류해 보았다.

물론 그 명칭은 의미가 충분히 표현되었다고 생각한다.

① 절제 : 우둔하지 않게 섭취하라. 그리고 적당히 마셔라.

② 침묵 : 타인이나 자신에게 유익한 것 이외에는 말하지 말라.

③ 질서 : 당신의 모든 것을 제자리에 두어라. 당신의 일을 제 때에 하라.

④ 결심 : 당신이 해야 할 것을 하리라고 결심하라. 당신이 해야 할 것은 꼭 하라.

⑤ 검약 : 타인이나 자신에게 유익한 것 이외에는 돈을 쓰지 말라. 낭비하지 말라.

⑥ 근면 : 시간을 헛되이 보내지 말라. 항상 유익한 일만 하라. 모든 불필요한 행동을 삼가라.

⑦ 진실 : 무익하게 속이지 말라. 순수하고 정당하게 생각하라.

⑧ 정의 : 해로운 일을 함으로써 다른 사람에게 손해를 입히지 말라. 당신의 유익함을 놓치지 말라.

⑨ 온화 : 극단적인 것을 피하라. 자신에게 가치 있는 만큼 상대방에게 상처가 되는 사람을 삼가라.

⑩ 깨끗함 : 몸과 의복, 또는 생활을 깨끗이 하라.

⑪ 평온 : 사소한 것에 마음을 쏟지 말라. 또 일반적이거나 피할 수 없는 일에 마음을 흔들리게 하지 말라.

⑫ 순결 : 건강이나 후손을 두는 목적 이외의 성생활을 절제하라.

⑬ 겸손 : 예수님과 소크라테스를 본받아라.

의도하는 바로 이러한 모든 덕을 습성화시키자는 것이다. 그러나 한꺼번에 모든 것을 하려고 욕심내면 오히려 혼란에 빠지기 십상이다. 한 번에 하나씩 습관화하는 것이 좋다. 그리고 그 가운데 하나가 습관화되었을 때 다음 것으로 넘어간다.

나는 이 13가지를 철저히 지키고자 노력했다. 어떤 하나의 항목이 일단 습관화되면 다른 항목도 쉽게 습관화시킬 수 있다. 그러한 연관성을 생각하고 순서를 배열했다. 그것들은 실제로 냉철함을 가져오며 머리를 맑게 해주었다.

그리고 옛 습성의 타성과 계속적인 유혹에서 항상 자신을 지커준다. 이것이 습관화되면 침묵은 보다 쉬워진다.

동시에 내가 바라는 것은 미덕을 향상시키는 데 필요한 지식을 얻는 것이다. 그리고 대화를 하는 데 있어서도 말하기보다 듣기를 좋아하며, 어떤 수다나 말장난이나 농담에 빠지는 습성을 깨뜨리기를 원했다. 그러한 것들은 쓸데없는 친교를 하게 함으로써 침묵을 두 번째 항목으로 두었다.

침묵과 다음 항목인 질서에서 나는 계획과 연구에 더 몰두할 시간이 주어질 것이라고 기대했다. 이것들이 습관화되면 모든 다른 미덕을 얻고자 하는 나의 노력을 더욱 확고히 해줄 것이라고 생각했다.

검약과 근면은 부채에서 벗어나게 하고 풍족함과 독립성을 가져온다. 그리고 진실과 정의의 습관화에 큰 도움을 준다. 이 경우 피타고라스의 충고대로 매일의 점검이 필요하다고 생각했다. 그래서 나는 그 점검을 위한 다음 방법을 생각했다.

결점을 고치는 방법

작은 노트를 만들어 페이지마다 그 미덕 하나하나를 썼다. 각 페이지를 빨간 잉크로 일곱 칸의 줄을 그었다. 하루마다 한 칸을 이용했다. 그리고 각 난에 그 날의 표제를 붙였다. 우선 13개의 빨간 선으로 그 난에 그 난을 나누었다. 그리고 그 선 앞에 미덕의 명칭의 첫 자를 썼다. 그 선과 난에 검은 점으로 표시를 하고 그날의 미덕에 대한 점검을 했다.

나는 미덕 하나를 한 주에 집중시켜 지키기로 결심했다. 그리고 매일 밤 그 날의 잘못을 체크했다. 즉 첫 주, 첫 번째 난에 '절제'의 약자인 'T'표시를 해두고 그 미덕이 습관화될 것을 기대했다. 그리고 그것이 성공하면 다음 항목으로 넘어가고 그다음 주에는 두 선을 동시에 활용했다. 13주에 한 코스를 완전히 끝낼 수 있었고, 일 년이면 4번 반복할 수 있었다.

잡초를 뽑을 때 한꺼번에 모든 풀을 뽑지 않는다. 어떤 사람에게는 그것이 능력 이상의 일인지도 모르기 때문이다. 나는 노트의 하루하루의 진보를 보는 것을 기쁨으로 여겼다. 혹 실수가 있었다 해도 13주 동안 매일 점검하는 가운데 그것은 점점 줄어들었다.

그러나 얼마 동안 때때로 그 계획이 중단되기도 했다. 어쨌든 생각했던 것보다 더 많은 잘못을 보고 나는 놀라지 않을 수 없었다. 그렇지만 그것들이 줄어드는 것에 만족을 느꼈다. 그 노트를 쓰면 새로 만들어야 된다는 수고가 따랐다. 그래서 한 코스가 끝나고 다음 코스로 넘어갈 때는 잘못된 부분만을 없앴다. 그리고 그곳에 새로운 표를 붙였다.

또 일의 수고를 덜기 위해서 각 선의 잉크로 표시하지 않고 연필로 잘못을 표시해서 쉽게 지울 수 있게 했다. 나는 일 년에 한 코스를 다 마치기도 하고 또 여러 해를 걸쳐서 마치기도 했다. 그 이유는 해외에서 일을 할 때가 많았기 때문이었다.

그런데 새로운 교를 믿는 한 친구가 내게 좀 거만한 생각이 아니냐고 반문했다. 나의 자존심이 흔히 이야기 도중에 나타난 다는 것이었다. 나의 '관심'을 이야기할 때, 정도에 따르기보다 는 오히려 오만했다고 한다. 그는 그것을 예를 들어 깨우쳐 주 었다. 나는 그 어리석음을 고치리라 마음먹었다. 그래서 원래는 12가지 항목이었는데, 마지막으로 추가해 13가지가 된 것이다.

그 미덕을 습관화시키는 데 있어서 자부심을 느낄 필요는 없 다. 그러나 어느 정도는 나의 잘못을 극복할 수 있었다. 다른 사람들의 감정에 직접적으로 반박하고, 내 주장만을 펴는 일을 삼가게 되었다. 옛 습성을 금하고 의견을 표현하는 데 있어서 도 '확실히', '의심할 여지없이' 등등의 고정관념을 피하고자 했 다. 대신 '내가 생각하기에', '내가 알기에'라는 표현으로 바꾸 었다.

때로는 '현재 내가 보기에'라는 표현으로 바꾸기도 했다. 다 른 사람이 내 생각의 잘못을 주장할 때, 성급하게 그를 반박하 거나 그의 주장의 어리석음을 직접 주장하지 않았다. 그리고 '어떤 상황에서는 그의 주장이 옳을 수 있지만 현재는 약간 다 르게 생각된다'라는 식으로 말을 했다. 나는 나의 태도에 있어 이러한 변화가 유익하다는 사실을 깨달았다.

그래서 대화에서는 항상 기쁨이 따랐다. 나의 의견은 항상 상대방의 말을 어느 정도 수용하고, 즉각적인 면박을 덜 주는 것이었다. 또한 내가 잘못된 일을 했을 때도 예전보다 굴욕감 이 덜 느껴졌다. 그리고 다른 사람들이 그들의 잘못을 인정하고 고치는 데 더욱 설득력이 있었으며, 내가 옳았을 때도 쉽게 동참해왔다.

물론 이 방법은 처음에는 나의 천성적인 기질로 인해 어려웠지만 부단한 노력으로 극복이 되었다. 그리고 평의원이 되었을 때 평의회의 활동에도 많은 영향을 주었다. 나는 말주변이 없어서 해야 할 말을 선택하는 데도 생각을 많이 해야 했고, 언어도 정확하지 못한 경우가 많았다. 그럼에도 불구하고 대개의 경우 내가 강조하는 바를 그들은 이해할 수 있었다.

chapter 08

부자들의
돈 버는 방법을
배운다

1. 가장 쉬우면서도 어려운 방법

　미국은 사람에 비해 땅이 훨씬 넓다. 그래서 건강한 사람이면 돈을 버는 일이 전혀 불가능하지는 않다. 비교적 새 분야에서는 많은 성공의 가능성이 주어지고, 어떤 직업에 기꺼이 종사하려는 마음만 있다면 유리한 취업 기회를 가질 수도 있다. 실제로 독립하고자 하는 사람은 마음을 굳게 먹고 적당한 방법만 택하면 된다. 그들은 달성하고자 하는 목표를 정하고 목표에 몰두함으로써 기회를 얻을 수 있었다. 그러나 그 돈을 버는 방법이 쉽다 할지라도 그 방법을 실행하는 것은 아주 어렵다.

　벤자민 프랭클린도 말한 바와 같이 부에 이르는 길은 결코 어려운 것은 아니다. 우리가 돈을 버는 것보다 적게 지출하기만 하면 된다. 이것은 아주 간단한 문제처럼 보인다.

　딕슨의 저서에 나오는 주인공의 한 사람인 미케베는 그 경우를 다음과 같이 표현했다.

"1년에 20파운드의 소득을 얻는 사람이 20파운드 6펜스를 지출한다면 가장 비참한 사람 중 한 사람이 될 것이다.

반면 20파운드를 버는 사람이 19파운드 6펜스만을 지출한다면 가장 행복한 사람이 될 것이다."

이 말을 듣는 사람들은 이렇게 말할지도 모른다.

"그쯤은 압니다. 그것은 경제입니다. 또 나는 경제가 부라는 것도 알고 있습니다. 그리고 그 양자가 동시에 충족할 수는 없다는 사실도 알고 있습니다."

그러나 그런 당신은 아셔야 할 것이다. 실패의 대부분이 이 한 가지 점을 잘못 생각하는 데서 나온다는 사실을 말이다. 많은 사람들은 그것을 제대로 이해하지 못하면서도 경제를 알고 있으며 이해한다고 생각하고 있다.

참된 경제는 소득이 지출보다 많게 하는 데 있다. 필요하다면 낡은 옷이라도 좀더 입어라. 낡고 낡은 옷이라도 꿰매서 입어라. 또 필요하다면 검소하게 먹고 살아라. 어떤 돌발적인 상황이 벌어지지 않는다면 조금 여유를 남겨 놓아라. 조그만 돈이라도 소홀히 하지 말고 계속 저축하라. 그러면 당신이 원하는 것은 이루어질 것이다. 이러한 경제 방법을 습관화하기 위해서는 훈련이 필요하다. 그리고 그 훈련이 습관화되면 무계획적인 지출은 사라지고 계획적인 저축에 만족하게 될 것이다. 여기에 내가 원하는 비결이 있다. 나는 허영이나 그릇된 경제관을 이 방법으로 고칠 수 있음을 확신한다. 내 경험에 의해서 말이다.

지출 항목을 적어 보라

당신은 고소득을 올리면서도 매년 말에 보면 통장에 잔고가 없는가? 그러면 몇 장의 종이를 준비해서 거기에 지출 항목을 적어 보라. 매일 또는 한 주 단위로 한쪽 난에는 필수품이나 또는 생활에 꼭 필요한 것을 적고, 다른 난에는 사치품 항목을 써 넣어라.

아마도 사치품 항목이 필수품보다 2~3배 또는 10배 이상으로 지출된다는 것을 알게 될 것이다. 생활필수품은 우리가 버는 돈의 적은 부분에 지나지 않는다.

프랭클린 박사는 '우리를 망치는 것은 우리 자신의 눈이 아니라 다른 사람의 눈'이라고 말하였다. 만일 모든 사람들이 타인에 대해서 신경을 쓰지 않는다면 의복이나 가구 따위에 그토록 많은 돈을 투자하지 않을 것이다.

오늘날 많은 사람들이 "우리는 모두 자유롭고 평등하다."고 말한다. 그런데 그들이 얼마 가지 않아 자신들이 착각하고 있는 것을 알게 된다.

우리가 자유롭고 평등하게 태어난 것은 영광스러운 일이다. 그러나 우리 모두 부자로 태어나지 않았다. 따라서 부자인 것처럼 허세를 부리고 시간과 돈을 낭비해서는 안 된다.

허세를 부리다 파산하다

어떤 돈 많은 신사가 있었다. 그의 형편이 조금 나아지기 시작하자 그의 부인은 새롭고 품위 있는 소파를 살 것이라고 말했다. 그 신사는 "그러한 소파를 사려면 3만 달러나 드는데!?"라고 말했다. 그러나 결국 그 소파는 사게 되었다.

그랬더니 부인은 다시 거기에 맞는 새 의자를 사야 한다고 말했다. 그리고 나서 보았더니 거기에 맞는 장식장과 카펫과 책상도 필요했다. 그러다 보니 그 집이 너무 협소하고 구식으로 느껴졌다. 결국 새로 들여온 물건에 어울리는 새 집이 필요하다는 것을 알게 되었다.

신사는 다음과 같이 말했다.

"사실 10년 전 우리는 아주 현실에 맞게, 부담 없이 살았다. 그런 것에 관심을 두지 않았고 걱정도 별로 많지 않았기 때문이었다. 만약 제가 허세를 자제하지 않고 새 집까지 무리하게 마련했더라면 결국 파산에 이르지 않을 수 없었을 것이다."

2. 부채를 조심해야 한다

　인생을 시작하는 젊은이들은 빚을 조심해야 한다. 빚처럼 사람을 괴롭히는 것은 또 없다. 빚은 사람을 비참한 노예로 만든다. 그럼에도 불구하고 많은 젊은이들은 빚을 우습게 생각하는 경향이 있다. 그들은 친구를 만나면 아주 가볍게 말한다.

　"이봐, 외상으로 이 옷 한 벌 해 입었어, 어때?"

　마치 그 옷이 공짜로 주어진 것처럼 말이다.

　그 외상을 갚고 신용을 얻으려면 그는 아마도 어려움을 겪게 될 것이다. 그리고 그런 일이 되풀이되다 보면 어려움만 겪게 되는 습관을 가지게 된다. 빚은 본의 아니게 자존심을 망가뜨린다. 외상으로 먹고 써 버리면 그 빚을 갚기 위해 애를 쓰며 고통 속에서 일을 해야 하는 것이다. 열심히 해도 그들의 주머니는 텅텅 비어 있다. 물론 장사하는 사람들의 신용 거래를 말하는 것은 아니다. 비즈니스맨들도 물론 예외가 되겠지요.

비처(Beecher)는 젊은이들이 시골에 땅을 사는 경우 약간의 빚을 져도 괜찮다고 말했다. 그는 '젊은 사람이 땅을 사거나 결혼을 하는 데 작은 빚을 지는 것은 어떤 해도 끼치지 않을 것'이라고 했다. 물론 그는 납득이 간다.

그러나 먹고 마시고 입기 위하여 빚을 지는 것은 절대로 피해야 한다. 어떤 이들은 외상으로 상점에서 물건을 사는 일이 습관이 된 사람도 있다. 그래서 그들은 없어도 되는 여러 가지 물건을 구입한다.

돈도 어떤 면에서 보면 불과 같다. 불은 매우 훌륭한 종도 되지만 무서운 주인도 된다. 돈에 지배를 받게 될 때 당신은 돈의 비참한 노예가 된다. 돈이 당신의 유익함을 위해 쓰여지게 하라. 그러면 당신은 세상에서 가장 헌신적인 종을 두게 될 것이다. 정상적으로 돈을 벌고 올바르게 쓰게 될 때 돈만큼 유용한 것도 없다. 돈은 주야로, 또 비가 오나 눈이 오나 그 기능을 멈추지 않는다.

돈이 당신에게 반대로 쓰여지지 않게 하라. 그렇지 않으면 돈에 관한 한 성공할 기회가 주어지지 않는다. 버지니아주의 괴짜인 존란돌프(John Rondolph)가 의회에서 이렇게 말했다.

"의장님, 저는 실현 불가능한 이상임을 알았습니다. 수입에 맞추어 지출을 제한하십시오."

그의 말은 실현 불가능한 것보다는 가능한 것에 집중해야 한다는 사실을 강조하고 있다.

3. 목표로 하는 일에 최선을 다해야 한다

　계절 탓을 하지 말고 필요하다면 아침 일찍부터 밤늦게까지 일하라. 목표로 하는 일에 깊이 몰두하고 단 한 시간도 소홀히 하지 말라. '할 만한 가치가 있는 것은 무엇이든 잘 할 만한 가치가 있다.'라는 속담에는 깊은 진리가 담겨 있다.

　많은 사람들이 그들의 일을 철저히 함으로써 부를 축적한다. 반면 어떤 이들은 나태하며 여전히 가난에서 벗어나지를 못한다. 야망, 정력, 근면과 인내는 성공의 필수적인 요소이다.

　행운도 항상 용감한 자의 편이다. 스스로 돕지 않는 자는 돕지 않는다. 당신의 귀중한 시간을 무엇인가 나타나기를 기다리기만 하는 것으로 허비하지 말라. 그렇다면 당신은 빈민가나 돌 수밖에 없을 것이다. 게으름은 나쁜 습관을 낳고 가난을 불러들인다. 가난하면서도 돈을 헤프게 쓴 사람이 어떤 부자에게 이렇게 말했다. "저는 모든 돈이 똑같이 분배되기만 하면 이 세상 사람들에게 충분한 돈이 돌아갈 수 있다고 믿습니다. 반드시 그렇게 되어야 합니다. 그러면 우리는 모두 행복하게 될 것입니다." 그러자 부자는 이렇게 대답했다.

"만약 모든 사람들이 당신과 같다면 돈은 두 달 정도밖에 쓰지 못할 것이다. 그러면 당신은 그 때 어떻게 하겠는가?"

"예? 나누고 또 계속 나누어야 합니다."

최근 한 신문에서 괴짜 거지에 관한 기사를 읽었다.

그 거지는 값싼 하숙집에서 하숙비를 내지 못해 쫓겨나게 되었다. 그러면서도 그는 코트 속에 한 장의 종이를 가지고 있었다. 그 종이에는 영국이 진 빚을 갚겠다는 엉뚱한 계획이 기록되어 있었다. 흔히 사람들은 하나님의 섭리만을 기다리면서 자신의 일을 소홀히 하곤 한다. 당신의 맡은 일에 최선을 다하라. 그렇지 않으면 성공하지 못할 것이다.

모하메드는 어느 날 사막에서 야영을 하게 되었다. 문득 그는 그를 따르던 피로에 지친 한 사람이 "나는 내 낙타를 풀어줄 것이다. 그리고 그 모든 것을 하나님께 맡길 것이다." 하고 말하는 것을 들었다. 그때 모하메드는 "안 됩니다. 절대 그렇게 해서는 안 됩니다. 당신의 낙타를 묶어두십시오. 그리고 모든 것을 맡기십시오!" 하고 말했다.

당신 스스로 할 수 있는 일을 모두 하라. 그리고 나서 하나님께 의지하고 행운이나 또는 그 밖의 어떤 것에 의지하라. 먼저 당신이 해야 할 일을 한 다음 하나님께 맡기는 것이다.

4. 인내와 노력에 인색하지 마라

간혹 어떤 이들은 자기의 일에 충실하지 않는 경우가 있다. 특히 그 분야에서 이미 성공을 한 경우보다 편하게 지낼 수 있는 방법만을 생각한다. 그래서 "이제 나의 일에 익숙합니다. 월급만 받고 일하는 사람이 되고 싶지 않습니다. 나 자신의 것을 만들지 못하면 직업의 의의가 무엇이겠습니까?" 하고 말한다.

"당신은 당신의 일을 시작할 자본이 있는가?"

"없습니다. 그래서 나는 자본을 구하려고 합니다."

"그러면 어떻게 그 자본을 구하시려고 하는가?"

"솔직히 당신에게만 말씀드리겠습니다. 저에게는 돈 많고 나이 많은 아주머니가 한 분 계십니다. 이제 그 아주머니는 돌아가시겠지요. 만약 그 아주머니가 돌아가시지 않는다면 저에게 일을 시작할 수 있도록 몇 천 달러 정도는 빌려줄 수 있는 돈 많은 노인이 있겠지요. 만약 그 일만 시작한다면 나는 아주 잘

할 것입니다."

참으로 어이없는 생각이다. 왜 그렇게까지 되었을까? 그것은 처음 1천 달러를 모으는 것이 나중에 돈이 어느 정도 모였을 때 100만 달러를 모으는 것보다 더 어렵기 때문이다.

돈은 경험에 의해서 그 가치를 깨닫지 못하면 결코 유용하게 쓰여지지 못한다. 어떤 소년에게 2만 달러를 주어서 사업을 하게 해보라. 아마도 그는 1년도 채 되지 못해 그 돈을 모두 날려버릴 것이다. 복권에 당첨된 것처럼 쉽게 들어온 것은 쉽게 나간다. 그 사람은 돈의 가치를 알지 못한다.

노력이 수반되지 않는 것은 그 어느 것도 가치가 없다. 돈을 모으는 데는 극기와 전략, 인내와 노력이 있어야 한다. 그리고 당신의 돈으로 시작해야 한다. 유산 상속을 무던히 기다리기보다는 열심히 일해야 한다. 부유한 노인의 죽음보다 먼저 당신의 죽음이 다가올지도 모르는 일이다.

부자들 10명 가운데 9명은 대개 가난한 소년기를 갖고 있다. 물론 그들은 강인한 의지, 근면, 인내, 전략과 좋은 습성을 가진 사람들이었다. 그들은 쉬지 않고 돈을 저축했다. 바로 돈을 모으는 최선의 방법이다.

스테판 기라드(Stephen Girard)는 가난한 오두막집의 소년이었다. 그러나 지금은 소득의 절반인 100만 달러를 세금으로 내고 있다. 존 야곱 아스터(John Jacob Astor)는 가난한 시골 소년이었다. 그런데 그가 죽을 때는 천만장자가 되어 있었다. 코넬리우스 반도빌트(Cornelius Vanderblit)는 스타텐 섬에서 뉴욕을 왕복하는 뱃사공으로부터 시작했다. 지금 그는 100만 달러나 되는 배를 정부에 기증하고 5천만 달러의 재산이 있다.

5. 한 가지 일에 몰두하라

　오직 한 가지 일에 매달려라. 당신이 성공할 때까지 그 일에 성실하여라. 부득이한 경우 그 일을 포기해야 한다는 사실이 확실하게 되기 전까지는 한 가지 일에 전념하라. 아무리 강한 나무라도 계속 못을 박다 보면 박히게 된다.

　마찬가지로 어떤 한 가지 목적에 집중할 때 좋은 방법도 떠오르게 될 것이다. 그러나 여러 가지 다른 일들을 한꺼번에 하려고 하면 어떤 일도 제대로 할 수가 없다. 그것은 불에 달군 쇠 여러 개를 동시에 치는 것처럼 어리석은 일이다.

외부 활동에 신중하라

　우리는 때로 부를 얻었던 사람들이 갑자기 파산에 이른 것을 보게 된다. 그 대부분의 경우 허영과 사치를 절제하지 못한 때문이다. 때로는 도박이나 좋지 못한 습성 때문이기도 하다.

또 어떤 사람들은 '외부 활동'에 종사함으로써 그렇게 되는 경우도 있다. 즉 자기 사업에서 돈을 벌게 되면 은근히 투기의 유혹을 받는 것이다. 그리고 행운을 타고났다든가, 하는 일마다 돈이 벌린다는 식의 주위 사람들의 말에 귀 기울이게 된다.

그러나 자신의 경제적 습관이나 정직한 행동, 그리고 사업에 대한 깊은 관심이 성공을 약속한다는 사실을 잊어서는 안 된다. 만약 그것을 망각하면 주위의 그럴듯한 소리에 귀 기울이게 되고 이렇게 말한다.

"나는 2만 달러를 투자할 것이다. 나는 지금까지 운이 좋았어. 그래서 내 행운이 머잖아 6만 달러의 수입을 얻게 할 것이다." 며칠이 지나고 그는 1만 달러를 더 투자해야 한다는 것을 알게 된다. 잘 했다는 주위의 그럴듯한 말과 함께 2만 달러를 더 투자하면 더 많은 돈을 얻게 된다는 유혹을 받게 되는 것이다. 그러나 미처 그 결과를 깨닫기도 전에 허무한 계획은 무너지고, 가지고 있던 모든 재산은 오간 데가 없다. 그리고 나서야 그 사실을 깨닫게 된다.

사업에서 제아무리 성공했다 할지라도 잘 알지도 못하는 다른 사업에까지 손을 대면 이내 삼손처럼 빈털터리가 된다. 삼손은 그의 시선을 다른 곳으로 돌렸고, 그래서 힘이 빠지고 여느 보통 사람처럼 되어 버렸던 것이다.

만약 당신에게 돈이 많다면 그 일에서 성공이 보장되어 있고 인류에게 유익한 곳에 투자해야 한다. 그 때도 역시 그 투자액수를 알맞게 조정하는 것이 중요하다. 당신이 전혀 알지도 못하는 곳에 투자함으로써 어리석게 돈을 잃을 필요가 없다.

말을 삼가라

어떤 사람들은 사업 비밀을 함부로 이야기하는 어리석은 습관을 가지고 있다. 그들은 조금 돈을 벌면 주위 사람들에게 어떻게 돈을 벌었는가를 말하고 싶어 한다. 그러나 그것은 아무 이득도 없으며 손해만 가져올 뿐이다. 당신의 수입이나 희망, 기대에 대해서는 절대 말하지 말라.

또한 당신이 사업에서 손해를 본다 해도 특별히 조심하여 그것을 여기저기 말해서는 안 된다. 그 말은 언젠가 다시 돌아와 당신의 정수리를 치게 되고 명예를 땅에 떨어뜨리고 말 것이다.

6. 성실함! 그것이 재산이다

성실함은 다이아몬드나 루비보다도 더 귀하다. 나이 많은 한 수전노가 그의 아들들에게 이렇게 말했다.

"될 수 있는 한 정직하게 돈을 벌어라. 그러나 어쨌든 돈을 벌어라."

물론 이 말은 "만약 네가 돈을 정직하게 벌기가 어렵다면 무슨 짓을 해서라도 쉽게 벌어라. 좋지 않은 방법을 써서라도 벌어라." 하는 말과 다를 바 없다. 이 세상에서 가장 바람직하지 못한 것이 부정직하게 돈을 버는 것이라는 사실을 알지 못하는 어리석은 이야기이다. 그러한 말을 듣고 따르는 사람들이 모이는 곳이 있다. 감옥이다. 어떤 사람의 부정직한 일면은 결국 드러나게 된다. 그 사실을 그 수전노는 깨닫지 못한 것이다. 정직함이 의심스러운 자에게는 올바른 성공이 있을 수 없다. 제아무리 점잖고 쾌활한 사람이라 할지라도 그의 거짓된 말을 일단 의심하게 되면 접촉하는 것을 꺼리게 될 것이다.

정직은 경제적인 성공에 기초가 되며, 모든 다른 면에서도 중요하다. 타협이 없는 정직은 그 무엇보다 가치가 있다. 정직을 소유한 사람은 정직 없이는 얻을 수 없는 기쁨과 평화를 얻게 된다. 그 기쁨과 평화는 땅이나 집으로도 얻을 수 없다.

물론 아주 정직한 사람도 가난할 수 있다. 그러나 그는 마음만 먹으면 돈을 융통할 수 있다. 빌린 그 돈을 반드시 갚을 것이라는 것을 그의 친구들은 알고 있기 때문이다. 프랭클린의 "정직은 최선의 정책이다."라는 금언을 항상 기억해두자.

부자가 된다는 것은 반드시 성공과 일치되지 않는다. 부자이면서 가난한 사람들이 우리 주위에는 많이 있다. 가난한 사람이 부자인 사람도 있다. 정직한 사람도 많이 있다. 정직한 사람들 중에는 부자들만큼 많은 돈을 갖고 있지 않지만 어떤 사람보다 풍요롭고 행복한 사람도 있다.

돈에 대한 지나친 애착은 모든 악의 뿌리가 될 수 있다. 그러나 돈 그 자체는 올바르게 쓰여지기만 하면 인간에게 행복을 가져다주고 축복이 되기도 한다.

부에 대한 욕구는 일반적인 것이다. 아무도 그것이 건전하지 못하다고 말하지 못한다. 돈에 대한 욕구가 강한 사람이 그 책임을 깊이 느끼고 유익한 데 이용하는 경우는 더욱 그렇다.

돈을 버는 것, 즉 상업의 역사는 바로 문명의 역사이기도 하다. 따라서 무역이 가장 성행했던 곳에서는 언제나 예술과 과학이 발달했다. 사실 그들은 우리 인류의 은인이다. 그들은 우리에게 학문과 예술, 연구 기관과 대학 및 종교 기관을 주었다. 참으로 고마운 분들이다.

부에 대한 욕구나 소유가 나쁘다고 주장할 이유는 없다. 물론 단지 돈을 소유할 목적으로 돈을 아끼는 수전노들도 있고 지금보다 더 많은 것을 얻고자 하는 욕구에 현혹된 사람들도 있다. 그것은 종교의 위선자들, 정치계에서의 선동자들이 있는 것과 마찬가지이다.

언제나 예외는 있을 수 있다. 그런 수전노는 차라리 없는 편이 나을지도 모른다. 미국에서는 장자 상속권이 없다. 미국인들은 거기에 대해 감사하게 생각한다. 부모의 남겨진 그 유산은 인류의 복지를 위해서 쓰여질 수 있기 때문이다. 당신이 돈을 벌 때 항상 정직을 잊어서는 안 된다.

chapter 09

부자의
생각을
따라한다

1. 부자가 되는 6단계의 길

부에 대한 욕구를 실현시킬 수 있는 방법은 다음 여섯 가지 단계로 이루어져 있다. 그것은 분명하고도 실천 가능한 단계이다.

① 당신이 원하는 정확한 액수를 마음속에 분명히 정해라. "나는 많은 돈을 원한다."라는 정도로는 되지 않는다. 목표하는 금액을 분명히 하라.

② 바라는 그 돈에 대한 대가로 당신은 무엇을 할 것인가를 분명하게 정하라(어떤 것도 공짜로 이루어지는 것은 없다).

③ 당신이 원하는 돈을 얻으려 하는 날짜를 분명히 정하라.

④ 당신의 욕구를 이루어 나가는 데 필요한 계획을 분명히 세워라. 그리고 행동으로 옮길 준비가 되어 있든 안 되었든 즉시 시작하라.

⑤ 당신이 얻고자 하는 돈의 액수를 분명하고 간결하게 글로 써라. 그리고 그것을 얻기 위해 어떤 대가를 치루어야 할 것

인가를 써라. 다음에는 그 돈을 모으는 데 필요한 계획을 분명하게 써라.

⑥ 당신이 쓴 것을 매일 큰소리로 두 번씩 읽어라. 저녁에 잠자리에 들기 전에 읽고, 아침에 일어나서 한 번 큰 소리로 읽어라. 단 거기에는 주의점이 있다. 그것은 이미 그 돈을 소유하고 있다고 느끼고 믿는 것이다.

당신은 이 여섯 단계를 바로 실천에 옮겨야 한다. 당신이 매일 보고, 읽는 특별한 그것을 실행에 옮겨야 한다. 물론 이루어지기도 전에 이루어진 것처럼 보는 것이 불가능하다거나 돈을 이미 가지고 있다고 보는 것을 불가능하다고 불평할지 모른다. 바로 이 시점에서 불타는 욕구는 당신에게 크게 도움이 된다. 만일 당신이 정말 돈을 원해서 그것에 깊이 집중할 수 있을 정도라면 "돈을 얻을 수 있다."고 확신하는 데 어려움을 느끼지 않을 것이다. 우선 돈을 원한다는 목적을 세우고, 돈을 얻겠다고 결심함으로써 돈을 벌 수 있다고 확신할 수 있게 된다.

1억 달러 가치의 원리

인간의 '마음의 원리'를 모르거나 활용시키지 못해 본 사람들에게는 이 내용이 현실적이 아닐 것으로 보일지 모른다. 그러나 이 원리는 여섯 단계의 중요성을 깨닫지 못하는 사람들에게 더욱 도움이 될 것이다. 이 원리는 카네기로부터 받은 정보로서 많은 사람에게 도움이 될 것이다.

카네기는 제철 공장의 일반 노동자로 시작했지만 이 원리를 터득하고 적용시킴으로써 1억 달러 이상의 재산을 모았다.

이 여섯 단계는 토마스 에디슨이 주의 깊게 검토한 것으로 부를 축적하는 필수적인 요소이며, 또한 어떤 목표를 달성하는 데도 반드시 필요한 단계임을 인정했다.

이 단계는 힘든 수고를 요구하지 않는다. 또 어떤 희생도 요구하지 않는다. 그렇다고 어리석거나 장난기의 술책도 요구하지 않는다. 이 단계를 적용하는 사람들에게 많은 교육을 요구하지도 않는다.

그렇지만 여섯 단계를 성공적으로 활용하기 위해서는 충분한 상상력이 필요하다. 그 상상력은 부를 축적하는 것이 우연이나 행운, 운수에 좌우되지 않음을 깨닫게 한다.

당신은 많은 성공자들이 모두 돈을 모으기 전에 그들의 꿈과 욕구 및 계획을 실천했음을 알아야 한다.

당신은 당신의 목표가 실현되도록 최대로 노력하고, 또 그 목표 달성을 현실로 믿지 못한다면 부는 영원히 당신의 것이 될 수 없다는 점을 이해해야 할 것이다.

2. 부에 대한 욕구는 실현될 수 있다

우리는 대개 부를 얻고자 하는 목표를 가지고 있다. 여기서 먼저 우리는 이 세상이 새로운 아이디어, 새로운 작업 수행, 새로운 지도자, 새로운 발명, 새로운 교육, 새로운 서적, 새로운 문학, 새로운 이상을 필요로 하고 있음을 알아야 한다.

새롭고 보다 나은 것에 대한 필요성에서 우리가 소유해야 할 하나의 기본적인 것이 있다. 그것은 분명한 목적, 즉 원하는 것을 아는 것과 불타는 욕구이다.

이 세상에 많은, 각 분야의 성공자들은 항상 현실적으로 나타나지 않는, 보이지 않는 무형의 기회를 포착하여 활용한 사람들이다. 그리고 그러한 힘을 여러 도시나 공항, 비행가, 자동차 등과 같은 생활을 보다 편리하게 하는 것들로 바꾸었던 사람들이다.

당신의 부를 획득하는 데 있어서 중요한 것이 있다. 그것은 다른 이들이 몽상가라고 비난하는 데 신경을 써서는 안 된다는 것이다. 당신도 성공자가 되기 위해서는 과거 위대한 개척자들의 정신을 소유해야만 한다. 그 개척자들의 꿈이 문명을 이루게 했고, 그 문명은 모두 인류에게 무한한 가치를 가져다주었다. 그리고 그들의 정신은 바로 당신과 나에게 새로운 기회를 찾게 하고, 재능을 계발하게 한다.

만약 당신이 하고자 하는 일이 옳고 또 그렇게 생각한다면 계속해서 그 일을 하라! 당신의 꿈을 계속 밀고 나가라. 그리고 당신의 일시적인 패배로 인한 다른 이들의 입방아에 신경 쓰지 마라. 왜냐하면 그들은 그 모든 실패가 성공의 밑거름이 되고 있음을 알지 못하기 때문이다.

라이트 형제는 하늘을 나는 기계에 대한 꿈을 가졌다. 이제 그 꿈이 이루어진 것은 그 누구도 부인할 수 없는 사실이다.

마르코니(Marconi)는 에테르(ether)의 보이지 않는 힘을 활용하는 꿈을 꾸었다. 그리고 그 꿈이 헛되지 않았다는 증거가 모든 라디오나 텔레비전에서 나타나고 있다. 마르코니 친구들은 그가 전선이나 다른 직접적인 의사소통의 도구도 없이 무선으로 메시지를 전달하는 원리를 발견했다고 했을 때 그를 정신병자 취급했다.

오늘날 꿈을 가진 사람은 꿈이 없는 사람보다 더 많은 일을 하며 인류에게 큰 공헌을 한다. 이 세상은 과거에 꿈을 가진 그들이 결코 알지 못했던 무한한 기회로 가득 차 있다.

위기는 최대의 찬스다

하고자 하는 욕구는 꿈을 가진 사람이 지녀야 할 첫 번째 요소이다. 꿈은 무관심이나 나태나 야망이 없는 데서는 결코 나오지 않는다.

성공자 모든 이들은 거의 악조건에서 시작하였으며 긴 고통을 극복했다는 사실을 기억하라. 성공자들의 생의 전환점은 보통 어떤 위기의 순간에 온다. 그들은 그 순간을 통해 '새로운 사람'으로 변화된다.

존 번안(John Bunyan)은 〈천로 역정(Pilgrim's Progreess)〉이라는 책을 썼다. 그 책은 많은 책 가운데 가장 훌륭하다는 평가를 받고 있는데, 그것은 그가 종교적인 견해로 인해 감옥에 갇혀서 고통을 받은 후에 출판되었다.

O.헨리는 커다란 재난을 겪고 오하이오주 콜롬부스에 있는 지하감옥에 갇힌 후에야 그의 천재성을 발견했다. 재난을 통하여 그의 '다른 자아'와 접하고, 자신이 비참한 죄인이나 추방자가 아닌 위대한 작가임을 발견했다.

찰스 디킨스도 마찬가지이다. 그의 첫사랑은 비극적인 것이었다. 그러나 그 비극이 그의 영혼 깊숙한 곳을 자극, 위대한 작가 중 한 사람이 되게 했다. 그 비극을 통해서 처음으로 〈데이비드 코퍼필드(David Copperfield)〉라는 책을 썼고, 다른 많은 책도 썼다. 그래서 그의 책을 읽는 모든 사람들에게 보다 풍요롭고 나은 삶을 일깨워 주었다. 헬렌 켈러는 태어난 지 얼마 안 되어 귀도 먹고, 말도 못하고, 보지도 못했다. 그 무엇에도 비교할 수 없는 참으로 큰 재난이었다. 그럼에도 불구하고 그녀는 위대한 역사의 한 페이지를 그녀의 이름으로 훌륭하게 장식했다. 그녀의 전 생애는 패배가 현실로 받아들여지기까지는 어떤 사람도 결코 패배하지 않는다는 증거 그 자체였다.

로버트 번스는 무식한 시골 소년이었다. 그는 가난을 타고났고, 게다가 성년이 돼서는 심한 주정뱅이었다. 그러나 세상 사람들에게 좋은 영향을 끼쳤다. 그의 아름다운 생각을 시로 표현하고, 그를 사로잡는 가시 같은 생활을 장미와 같은 생활로 바꾸었기 때문이다.

베토벤은 귀머거리였고, 밀톤은 장님이었다. 그러나 그들의 이름은 우리 인류가 존재하는 한 살아 있을 것이다. 그들은 꿈을 가졌고, 그 꿈을 창조적인 사고로 바꾸었다.

어떤 것을 바란다는 것과 그것을 받을 준비가 되어 있다는 것은 차이가 있다. 어떤 사람도 그가 어떤 것을 받을 수 있다고 믿기까지는 준비를 하지 않는다. 그러나 우리의 마음은 단순한 희망이나 원함이 아닌 믿음으로 채워져야 한다. 믿음을 갖기 위해서는 마음이 열려 있어야 한다. 마음문이 닫혀 있다면 믿음과 용기, 그리고 신념이 찾아들 수 없다.

인생의 보다 높은 목표와 번영은 고통이나 가난을 쉽게 받아들이는 정도의 용기를 필요로 한다. 그래서 어떤 위대한 시인은 이렇게 표현하고 있다.

나는 1페니로 생과 계약을 했다.
생은 그 이상의 것을 지불하지 않으리라.
그러나 나는 나의 적은 것을 생각하고
저녁에는 계속 간청했노라.
생은 공정한 고용주이시다.
그는 당신이 원하는 것을 준다.
당신이 삶을 정하면
당신은 일에 몰두하여야 한다.
나는 고용된 자로서 일을 했었다.
그러나 나는 놀라움에 사로잡힌다.
내가 어떤 삶을 욕구할 때마다
생은 기꺼이 지불했노라.

3. 강한 신념은 불가능을 가능케 한다

　지금 나는 지금까지 알고 있었던 가장 특별했던 사람 중의 한 사람을 소개하고자 한다. 그가 이 세상에 태어나던 그 시각 나는 그를 지켜보고 있었다. 그런데 그는 귀가 없었다. 너무 놀라 어떻겠느냐고 의사에게 매달려 묻자, 의사는 "그 아이는 일생 동안 듣지 못하고 벙어리가 될 것 같다."고 대답했다. 그러나 나는 의사의 의견에 결코 동의하지 않았다. 그럴 권리가 내게는 있었다. 나는 그 아이의 아버지였기 때문이다.

　나는 어떤 결정을 내려야 했다. 그러나 마음 깊은 곳에 한 생각을 묻어두고 아무 말도 하지 않았다.

　나는 마음속으로 아들이 듣고 말할 수 있을 것을 확신했다. 어떻게? 아무튼 나는 분명히 길이 있을 거라고 확신했다. 그리고 그 길을 찾을 수 있으리라고 믿었다.

　나는 에머슨의 불멸의 말을 생각했다.

'일의 모든 과정은 우리에게 믿음을 심어준다. 우리는 단지 거기에 따르기만 하면 된다. 우리 모두에게 분명히 길이 있다. 겸손하게 귀 기울이면 옳은 말을 들을 수 있다.'

옳은 말이란 무엇일까? 바로 욕구이다! 나는 아들이 말 못하는 귀머거리가 되지 않기를 간절히 바랬다. 그 바람이 너무도 강했기 때문에 단 한순간도 좌절하지 않았다.

나는 귀의 도움이 없이도 아들의 머리에 소리를 전달할 수 있는 수단을 찾고자 하는 나의 욕구를 아들의 마음속에 심어주고자 애썼다.

그 아이가 내 생각에 협력해 줄 만큼 나이가 들자, 나는 그의 마음을 듣고자 하는 강렬한 욕구로 채워주려고 노력했다. 그러나 누구에게도 그 생각을 말하지 않았다. 다만 하루하루 아들이 말 못하는 귀머거리여서는 안 된다는 다짐을 굳게 했다. 아들이 커가면서 주위의 사물을 느끼기 시작했을 때였다. 우리는 그가 약간 듣고 있음을 알았다. 보통 아이가 말을 시작할 무렵 물론 아들은 말을 하려고 하지 않았다.

그러나 아이의 행동을 보고 약간의 소리를 들을 수 있다는 것을 알았다. 그것이야말로 내가 알고자 했던 전부였다. 만약 아주 조금이라도 아들애가 들을 수 있다면 더 잘 들을 수 있도록 계발시킬 수 있다고 나는 굳게 믿었다.

드디어 희망이 생겼다. 그것은 전혀 기대하지 않았던 곳에서였다.

길을 찾았다

나는 축음기를 샀다. 아들애가 처음으로 음악을 들었을 때 기쁨을 느끼는 것 같았고, 얼마 안 있어 그 축음기를 사용하게 까지 되었다. 어떤 때는 거의 두 시간 동안 같은 곡을 되풀이해서 틀었다. 여러 해 후에 그는 자기 스스로 터득한 습관이 매우 중요하다는것을 알게 되었다. 왜냐하면 그 때까지만 해도 '소리의 전도'라는 원리에 대해서 들은 적이 없었기 때문이다.

그가 축음기를 사용할 수 있게 된 지 얼마 안 되었을 때였다. 아들애는 두개골 밑에 있는 유양돌기 뼈에 자극을 주면서 이야기를 하면 그것을 분명하게 들을 수 있다는 것을 알았다. 나는 즉시 그의 마음속에 듣고 말하고자 하는 강렬한 욕구를 심어주기 시작했다.

그 아이는 잠자기 전에 침대 곁에서 이야기해 주는 것을 좋아했다. 그래서 나는 그에게 자립심과 상상력, 듣고자 하는 강렬한 욕구를 갖는 데 도움이 되는 이야기를 해주었다.

장애물이란 있을 수 없다

나는 아들의 저에 대한 믿음이 좋은 결과를 가져오리라는 것을 믿었다. 아들애는 내가 그에게 말한 그 어떤 것도 의심치 않았다. 나는 아들에게 형들보다도 더 낫다는 생각을 심어주었다. 그리고 그 이점이 여러 가지 면에서 나타날 수 있다고 강조했다. 예컨대 학교의 선생님들은 그 아이가 귀가 없다는 것을 알았고, 그로 인해 그들은 그에게 관심을 보이고 친절을 베풀어주려 했으며 실제로 그렇게 했다.

그가 아르바이트로 신문을 팔 수 있을 정도의 나이가 되었을 때 그의 형들은 벌써 신문을 팔고 있었다. 나는 그가 형들보다 더 많은 능력이 있다는 생각을 심어주었다. 사람들은 그에게 신문 대금 이외에도 약간 더 많은 수고비를 줄 것이다. 그것은 그 아이가 귀가 없다는 사실에도 불구하고 아주 명랑하고 부지런한 소년이었기 때문이었다.

아들이 일곱 살쯤 되었을 때, '계획성' 있는 소년으로 자라게 하려는 내 노력이 결실을 맺고 있다는 증거를 처음으로 보여주었다. 여러 달 동안 아들은 신문을 팔게 해달라고 졸랐다. 그러나 어머니는 아들의 말에 동의하지 않았다.

마침내 아들애는 스스로 그 일을 시도했다. 집안에는 아들과 몇몇 하인들만 남아 있었던 어느 날 오후였다. 그는 부엌 창문으로 기어 올라가서 땅으로 뛰어내렸다. 그리고 원했던 일을 시작했다. 그는 이웃 양화점 주인에게서 6센트를 빌렸다. 그리고 그 돈으로 신문을 사서 팔고, 또 사서 팔곤 했다. 그는 저녁 늦게까지 그 일을 계속했다. 그날 일이 끝난 후 돈을 계산해 보니 6센트를 갚고도 42센트의 이익금이 남았다. 우리 내외가 집에 도착했을 때 그는 침대에서 쿨쿨 자고 있었다. 그가 번 돈을 손에 꽉 쥐고…….

아내는 아들의 손을 펴서 동전을 빼내면서 소리쳤다.

"믿을 수 없어!"

그러나 아들의 첫 번째 그 결실에 지나치게 감격하는 것은 유익한 것처럼 보이지 않았다. 그래서 나는 마음속으로만 기뻐했다. 아들애의 마음에 신념을 심어주려고 했던 나의 노력이 성공하고 있었다. 아내는 그 첫 번째 결실에 대해 거리에 나가 돈을 벌기 위해 위험을 무릅쓰는, 말 못하고 귀머거리 어린 소년을 생각하고 있었다. 그러나 나는 달랐다. 한 용감하고 패기만만한 자립심을 가진, 강한 어린 사업자로서 생각했다. 그리고 그의 능력이 100% 활용될 것으로 확신했다. 그 자신이 몸소 뛰어들어서 성공을 했기 때문이다.

그 일은 나에게 마음 깊은 곳에서 우러나오는 기쁨을 주었다. 왜냐하면 일생을 살아가는 동안 그에게도 남 못지않은 능력이 똑같이 주어질 수 있다는 증거를 확실히 보여주었기 때문이다.

들을 수 있게 되었다

그 어린 귀머거리 소년은 점점 자라면서 고등학교와 대학을 다녔다. 물론 가까운 거리에서 선생님들이 크게 말하지 않으면 알아들을 수가 없었다.

그는 특별히 농아를 위한 학교에 가지 않았다. 아들이 수화를 배우는 것을 허용치 않았기 때문이다. 그가 정상적인 생활을 하고 정상아들과 함께 지낼 수 있게 되리라고 믿었다. 그래서 학교 책임자들과 많은 입씨름을 했지만 그대로 밀고 나갔다. 그가 고등학교에 다닐 무렵 그는 전자 보청기를 사용하려 했지만 그에게는 별 가치가 없었다.

아들이 대학을 졸업하기 일주일전이었다. 그의 생애의 큰 전환점이 될 만한 일이 있어났다. 그는 우연한 기회에 또 다른 전자 보청기를 갖게 되었다. 그 보청기는 아직 시험 중에 있었으며, 그것과 유사했던 보청기에 실망을 했기 때문에 그는 보청기를 시험해 보는 것이 내키지가 않았다. 그러다가 며칠 뒤 그 기구를 별 관심 없이 머리 위에 쓰고 사용해 보았다. 그러자 놀랍게도 그의 소원이 현실화되었다. 생애 처음으로 정상적인 청각을 가진 사람처럼 듣게 되었던 것이다.

그는 너무 감격해서 공중 전화기로 달려가 집으로 전화를 걸어 어머니의 목소리를 분명히 들었다. 또 다음 날에는 교실에서 교수님들의 목소리를 분명하게 들었다! 그는 이제 다른 사람들이 크게 말하지 않아도 자유롭게 대화할 수 있었다. 그는 변화한 세계를 그의 것으로 만들 수 있었다.

불타는 욕구가 드디어 효력을 나타내기 시작했다. 그러나 완전한 승리는 아직 오지 않았다. 아들은 아직도 자신의 결점을 그 만큼의 자산으로 바꿀 수 있는 분명하고도 실제적인 방법을 찾아야 했다.

귀머거리 소년이 다른 사람을 돕다

아들은 이미 얻어진 것의 중요성을 거의 깨닫지 못했다. 다만 그가 새롭게 발견한 소리의 세계에 도취되어 기뻐하고 있었다.

그는 그의 새로운 경험을 보청기 회사 사장에게 편지로 써서 보냈다. 편지를 받은 보청기 회사에서는 그를 뉴욕으로 초청했고, 그는 큰 환대를 받았다.

그 회사의 지배인은 그와 대화를 하면서 그에게 변화된 세계에 대해서 물었다. 바로 그 순간 한 아이디어, 영감이 그의 머리를 스치고 지나갔다. 그것은 드디어 그의 재난을 자산으로 바꾸어 주었다. 그는 미래의 수많은 사람들에게 행복을 주고, 경제적인 부를 주었다.

그는 생각했다. 만약 그가 귀먹은 사람들에게 그의 변화된 세계를 전해 줄 수만 있다면 수많은 장애자들에게 도움이 될 것이라는 생각을 했던 것이다.

한 달 내내 그는 그 연구에 몰두했고, 그 한편으로는 보청기 회사의 시장을 파악했다. 그 목적은 장애자들과 그가 새로이 찾은 변화된 세계를 함께 누리자는 데 있었다.

일이 끝났을 때, 그는 그가 발견한 것을 기초로 하여 한 계획을 세웠고, 그 회사에 자기의 계획을 보여주었다. 그 회사는 그의 야심을 펼 수 있는 일자리를 주었다.

하지만 처음부터 장애자들에게 희망과 실질적인 도움을 주게 되리라고는 미처 생각하지 못했다. 그러나 결국 그는 많은 귀머거리 장애자들이 그 상태에서 벗어날 수 있도록 도움을 주었다. 아마도 우리 내외가 그의 마음을 이끌어주지 못했더라면 아들애는 평생토록 말 못 하는 귀머거리가 되었을 것이다. 나는 그의 마음속에 듣고 말하고자 하는 욕구를 심어주고, 정상인과 같이 생활하고자 하는 욕구를 심어주었다. 그때 자연은 중간 조정자가 되었고, 그의 두뇌와 외부 세계와의 간격을 이어주는 역할을 하게 된 것이다.

불타는 욕구가 현실로 나타나는 데는 여러 가지 방법이 있다. 아들은 정상적으로 듣기를 갈망했다. 그리고 지금 정상적으로 듣고 있다! 사실 그는 깡통을 들고 거리에 버려질 수 있는 약점을 가지고 태어났다.

그러나 나는 그가 어린아이였을 때 그 고통이 오히려 훌륭한 자산이 될 수 있다는 것을 믿게 했다. 그리고 그의 마음속에 그러한 사실을 심어주려고 노력했다. 사실 불타는 욕구를 지닌 믿음은 무엇이든 실현시킬 수가 있다. 이러한 욕구와 믿음은 누구나가 소유할 수가 있다.

4. 욕구는 누구에게도 나타난다

어떤 신문에 한 부인에 관한 짧은 기사가 실렸다. 그 부인은 에르네스틴 슈만 하인크 여사인데 그녀는 가수로서 큰 성공을 거두었다. 굳이 그 기사를 인용하는 이유는 그 내용의 핵심이 바로 '욕구'이기 때문이다.

그녀가 성공하기 전의 일이었다. 그녀는 비엔나 오페라의 지휘자를 찾아가서 자신의 목소리를 들어주도록 부탁했다. 그러나 지휘자는 그녀의 부탁을 거절했다. 지휘자는 초라한 행색의 어리숙한 소녀를 한 번 보더니 점잖게 얘기했다.

"초라한 네 모습을 보라. 전혀 개성이 없잖아? 어떻게 오페라에서 너의 성공을 기대할 수 있겠나? 생각을 단념하지. 재봉틀이나 사서 일을 해보지, 너는 결코 가수가 될 수 없어."

그러나 그녀는 얼마 후 성공을 거두었다. 그 지휘자는 노래하는 기법에 대해서는 누구보다도 많이 알고 있었지만 강한 욕구가 어떠한 힘을 발휘하는가는 알지 못했다. 그렇지 않았더라면 천재를 알아보지 못하는 실수를 저지르지는 않았을 것이다.

수년 전이었다. 한 명의 사업 동료가 병이 났다. 그는 시간이 지날수록 더 악화되었고, 마침내 그는 수술을 받기 위해 병원으로 옮겨졌다. 의사는 그를 다시 볼 가능성은 거의 없을 것이라고 말했다. 그러나 그것은 의사의 의견이었을 뿐 환자의 의견은 아니었다. 그는 수술실에 실려 가기 바로 전에 힘없는 목소리로 이렇게 말했다.

"선생님, 저의 마음을 혼란케 하지 마세요. 나는 며칠 내에 퇴원하게 될 것입니다."

옆에 있는 간호원이 연민의 눈으로 나를 쳐다보았다. 그러나 그는 실제로 병이 나았으며, 그 의사는 이렇게 말했다.

"그의 살고자 하는 무서운 집념이 그를 구했다. 만약 그가 죽음의 가능성을 받아들였다면 그는 결코 회복되지 못했을 것이다."

간절한 욕구의 힘은 믿음에 의해 더욱 확실해진다. 그 힘은 비천한 시작에도 불구하고 결국 큰 권력과 부를 누리게 한다.

간절한 욕구의 힘은 많은 패배의 뒤에도 다시 일어서게 한다. 나의 아들은 귀가 없이 세상에 태어났지만 정상적이고 성공적이며 행복한 생활을 할 수 있게 해준 것이 바로 그 간절한 욕구였다. 간절한 욕구가 제 능력과 기능을 다 발휘하는 날 불가능이라고 하는 단어는 사라지고 실패를 현실로서 받아들이기를 단호히 거부하게 된다.

5. 영향력 있는 사람을 얻으라

스스로의 힘만으로는 어떤 성공을 거두기는 매우 어렵다. 훌륭한 업적을 통해서 세상 사람들의 존경과 찬미를 받고 있는 사람들은 그들이 정상에 오르기까지 많은 사람들의 도움을 받았다고 말한다. 이 사회에서 당신은 혼자 살아나갈 수 없다. 다른 사람의 도움이 없이는 훌륭한 결과를 거둘 수도 없다.

인간은 누구나 이 사회의 한 구성원이며 내일 자신이 만나는 사람과 어떤 관계를 이룩하느냐에 따라 성공이 결정된다. 우정이 깃든 도움이나 조언이 없이는 성공은 쉽지 않을 것이다.

그러면 왜 우리 중 많은 사람들은 남을 비판하고 공격적인 자세를 취할까? 왜 우리는 우리가 가는 길에 흠집을 남김으로써 힘들여 쌓아 놓은 발전을 결국 헛되이 만드는가? 그것은 혹시 지금까지 알려지지 않고 있는 실패의 조짐이 아닌가?

만약 당신이 계속 적을 만들고 있다면, 언젠가는 그 적으로부터 공격이나 피해를 받게 될 것이다. 따라서 당신의 좋은 잠재력에 오점을 남기게 될 것이다.

이 강의는 그 어느 강의 못지않게 중요하다. 이 강의의 인용 저서인 〈영향력 있는 사람을 얻는 방법〉은 거의 50여 년 동안 베스트셀러에 랭킹되어 있다. 이 강의를 통해 대인 관계의 비법을 배우기 바란다.

악인은 스스로를 비난하지 않는다

1931년 5월 7일, 뉴욕 시민은 역사상 가장 충격적인 범인 체포현장을 목격했다. 몇 주 동안의 추적 끝에 나타난 범인은 유명한 살인자 크로우리였다. 그는 쌍권총을 소지하고 서부 앤드가에 있는 애인의 아파트에 숨어 있었다.

150명의 경찰관들과 형사들이 그가 숨어 있는 아파트를 포위한 다음, 최루탄을 발사하였다. 그래도 범인이 나오지 않자 아파트를 향해 기관총을 발사하였고, 범인은 창문을 향해 권총으로 응사하였다. 그러나 범인은 결국 체포되었다. 그 때 경찰국장은 그 범인을 향해 뉴욕 역사상 가장 극악무도한 놈이라고 매도했다.

결국 크로우리는 전기 의자에 의해 사형되었다. 그는 죽는 순간까지 "이것은 내가 저지른 죄의 대가"라고 말하지 않고 오히려 "이것이 나를 방어한 대가입니까?"라고 뻔뻔스럽게 반문했다.

그는 경찰관을 죽인 살인자이다. 그것도 자동차를 세우고 불심 검문한 경찰관을 향해 무조건 권총의 불을 당긴 극악무도한 살인자였다. 그럼에도 불구하고 그는 자신이 한 일에 대해서 전혀 죄책감이 들지 않았다.

이것이 범죄자들이 공통적으로 보이는 특징이다. 또 다른 얘기를 해보자.

"나는 내 생애의 황금기를 여러 사람들에게 보다 커다란 기쁨을 주고 그들이 좋은 시간을 가지도록 도와주었다. 그런데 내가 얻은 것은 체포령뿐이다."

이는 저 유명한 범죄단 두목 알 카포네의 말이다. 그는 온 시카고를 종횡무진으로 누빈 갱단의 두목이다. 그러나 그런 자신의 행동에 대해서는 전혀 비난하지 않았다.

알 카포네나 쌍권총의 사나이 크로우리나 지금 감옥에 있는 많은 죄인들은 자신이 한 일에 대해서 스스로 비난하지 않았다. 그러면 당신과 접촉하는 사람들은 어떠한가?

남을 비난하지 말라

남을 비난하는 행위는 아무런 유익함이 없다. 그것은 어떤 사람을 공격적으로 만들고 때로는 자신을 정당화시키려 하기 때문이다. 비난은 결단코 좋은 일이 아니다. 비난은 인간의 자존심을 망가뜨리고 존재 의미를 의심케 하고 분노를 유발한다.

역사를 통해서 비난의 무익성을 찾아볼 수 있을 것이다.

데오도르 루즈벨트와 타프트 대통령 간의 싸움은 너무나도 유명하다. 이 싸움은 결국 공화당을 분열시켰고 세계 대전을 통해서 강경 노선을 취함으로써 역사의 흐름을 바꾸어 놓았다. 그 싸움의 내용을 간단히 살펴보자.

데오도르 루즈벨트가 1908년 백악관을 떠나면서 타프트를 후계자로 지명했다. 그리고 나서 그는 아프리카로 사냥을 떠났다. 그가 돌아왔을 때 그는 노발대발하여 타프트의 보수주의를 비난했고, 다시 3선을 희망하여 새로운 당(黨)을 만들었다. 그 결과 다음 선거에서 타프트의 공화당은 가장 비참하게 패배를 했다. 데오도르 루즈벨트는 타프트를 비난했다. 그러면 타프트는 스스로 그의 실수를 인정했을까? 물론 그렇지 않았다.

그는 "지금까지 해온 방법과는 다른 방법을 사용할 수 있었는데 그 방법을 알지 못했다."고 말했다.

비난해야 할 사람은 누구였을까? 루즈벨트였을까? 타프트였을까? 여기서 중요한 것은 루즈벨트의 비난이 타프트로 하여금 잘못을 시인하도록 만들지 못했다는 점이다. 오히려 타프트가 자신을 정당화시키고 눈물을 머금고 반복해서 "내가 했던 것과는 달리할 수 있었는데 그 방법을 알지 못했다."고 말하게 했을 뿐이었다.

비난은 집비둘기와 같다

당신은 어떠한가? 행동으로 나타난 인간의 본성, 자기 자신이 아닌 다른 사람을 비난하는 범법자와 우리는 과연 다를까?

당신이 누군가를 비난해야 할 때, 알 카포네와 크로우리를 생각하라.

비난은 집비둘기와 같다.

집비둘기는 항상 집으로 돌아온다. 우리가 비난하는 사람은 아마도 자신을 정당화시키고 오히려 우리를 비난하려고 할 것이다. 아니면 고작해야 타프트와 같이 "나는 내가 했던 것과 달리 할 수 있었는데 그 방법을 알지 못했다."고 말할 것이다.

1865년 4월 15일 토요일 아침, 아브라함 링컨의 작은 시체는 포드 극장 맞은편에 있는 값싼 여인숙 침대에 누워 있었다.

"역사상 가장 완전한 통치자가 여기에 누워 계시다."

링컨이 사람을 다루는 데서 성공한 비결은 무엇이었을까? 물론 그도 남을 비난했었던 적이 있었다. 그러나 그가 젊은 시절 오직 딱 한 번이었다. 링컨이 일리노이주의 스프링필드에서 변호사로 있었던 시절도 그는 신문을 통해 어떤 상대방을 공개적으로 공격했다. 그러나 딱 그 한 번뿐이었다.

1942년 가을, 그는 싸우기를 좋아하는 아일랜드 출신 정치가를 비웃었다. 링컨은 스프링필드 저널지에 익명의 편지를 보내어 그를 비방했다. 그 정치가는 스프링 쉴드였는데, 심하게 분노하여 링컨에게 결투를 요청했다. 링컨은 싸우기를 원치 않았다. 결국 링컨은 싸우지 않을 수 없었다. 그래서 무기를 선택하고, 약속을 정하여 쉴드와 미시시피 강 백사장에서 만났다. 그러나 결투가 시작되기 직전, 그들의 심판관이 그들의 싸움을 말렸다. 이 일은 링컨의 생애에 있어 가장 충격적인 사건이었다. 링컨은 이 일을 통해서 사람을 다루는 비결, 황금률을 배웠다. 그 다음부터는 다른 누군가를 모독하는 내용의 편지는 절대 쓰지 않았다. 그 때부터 그는 결코 어떤 일로도 사람을 비난하지 않았다.

판단을 받지 아니하려거든 판단하지 말라

남북 전쟁 중이었다. 링컨은 포도맥 군대의 지휘관으로 새로운 장군을 임명했다. 그들은 멕클란, 포버, 번사이드, 후커, 미드 등이었다. 그에게는 절망의 순간이 계속 따랐다. 국민들 중 많은 이들이 그 장군들이 무능하다고 비난했다. 그러나 링컨은 그들을 비난하기는커녕 오히려 이해했고, 그래서 그의 마음은 평화를 유지했었다. 그가 가장 즐겨 인용하는 말은 "너희가 판단을 받지 아니하려려거든 판단하지 말라."는 성경의 한 구절이었다. 링컨의 부인과 다른 사람들이 남부 사람들에 대해서 혹평을 했을 때 링컨은 그들을 만류했다.

"그들을 비난하지 마시오. 그들은 우리와 비슷한 환경에 있는 사람들입니다."

자신을 바르게 하라

데오도르 루즈벨트는 어떤 복잡한 문제에 직면했을 때면 의

자를 뒤로 빼고 그의 책상 위에 걸린 링컨의 초상화를 바라보곤 하면서 '만약 링컨이 내 입장이라면 그는 어떻게 했을까?' 하고 자문했다고 한다. 누군가를 비난하고 싶은가? 링컨을 생각해보자. 그리고 이렇게 자문해 보자.

'만약 링컨이 이런 상황에 있다면 그는 어떻게 이 문제를 다루었을까?'

당신에게 누군가를 변화시키고자 하는 마음이 있는가? 그것은 참으로 좋은 일이다. 그런데 그 좋은 일을 왜 당신에게 적용하지 않는가?

"인간의 싸움이 먼저 자신에게서부터 시작될 때 그 사람은 가치 있는 존재가 될 것이다." 브라우닝의 말이다.

이제부터 당신 자신을 변화시키려고 노력해보라. 그러면 당신 자신과의 싸움에도 이길 수 있을 것이다. 물론 다른 사람을 비난하지도 않게 될 것이다. 먼저 당신 자신을 바르게 가져라. "내 자신의 문 앞도 깨끗하지 못하면서 내 이웃의 지붕 위에 있는 눈을 보고 흉보지 말라."고 동양의 성인 공자는 말했다.

우리는 수십 년 동안 아니 죽을 때까지 마음에 사무치는 원한을 자신도 모르게 갖고 있는 경우가 있다.

인간의 분노는 극히 사소한 일에서 시작된다. 아무리 그것이 정당할지라도 그 사람의 마음에 큰 상처를 주게 된다.

대인 관계에서 꼭 기억해야 할 것 한 가지가 있다. 우리 인간은 논리나 이성적인 존재이기보다는 감정이나 편견, 때로는 허영에 들뜨기 쉬운 존재라는 사실이다.

감수성이 예민한 토마스 하디는 신랄한 비난을 받고는 영원히 절필하고 말았다. 당시 하디는 영국 문학계에 큰 이름을 남길 만한 소설가였다.

젊은 시절 별로 재치가 없었던 벤자민 프랭클린은 사람을 잘 다루기 위해서 노력했다. 그 결과 외교관이 되어 미국 주재 프랑스 대사관이 되었다.

"나는 어느 누구도 나쁘게 말하지 않았다. 그리고 나는 내가 알고 있는 사람들의 좋은 점만을 이야기한다."

이것이 곧 그의 성공 비결이다.

남을 비난하고 비판하는 것은 어리석은 짓이다. 하지만 이해하고 용서하는 데는 자기 절제가 무엇보다도 필요하다. 참으로 어려운 일이다.

"위대한 사람은 모든 사람을 차별 없이 대함으로써 자신의 위대함을 나타낸다."라고 말했다. 남을 비난하지 말고 이해하려고 노력하라. 그들이 한 일에 대해서 왜 그렇게 했는가를 이해하라. 그것만이 오직 유익하고 매력있는 방법이다. 이해는 동정과 인내와 친절을 낳게 한다.

존슨 박사는 "하나님께서는 인간의 생명이 다하기까지는 인간은 평가하지 않으신다."고 말했다.

당신은 혹시 멋대로 남을 판단하고 있지는 않은가?

6. 적을 다스릴 줄 알아야 한다

이탈리아 속담에 이런 말이 있다.

"당신에게 친구가 얼마나 됩니까? 50명, 그것은 다 댄 것은 아닙니다. 당신에게 적이 한 명 있습니까? 너무 많습니다."

어느 지위에 있는 사람이라도 이 말이 주는 깊은 의미에 대해서 의의를 제기하지 않을 것이다. 사실 어떤 형태로든지 당신의 실패를 은근히 좋아하는 사람이 없다면 성공하기는 힘들 것이다. 간디, 링컨과 같이 위대한 이들에게도 모함하는 사람들이 많이 있었다. 적도 때로는 유익할 때가 있다. 일반적으로 적은 우리가 자신에게 생각하는 것보다 현실적이며 냉혹하다. 우리는 그들로부터 여러 가지를 배울 수 있다. 그들은 우리 존재에 있어서 매우 위험한 존재들이다. 우리는 가능한 모든 위험을 줄이면서 그들을 다루는 법을 배워야 한다.

직장에서, 가정에서, 거리에서 우리에게 닥치는 여러 가지 어려움에 대처할 기관총과 같은 무기를 갖고 있어야 한다. 우리는 지금까지 그런 고통에 너무 오래 시달려왔다. 우리는 이 세상에서 갖게 되는 여러 가지 문제를 해결할 길을 찾아야 한다.

당신은 적을 다스리고 있는가? 큰 힘을 사용하지 않고도 적을 다스릴 수 있다. 이제 그 방법을 알아보자.

적을 다스리는 것은 윤리 문제다

'적의 문제'는 새로운 윤리의 핵심이 되고 있다. 이 문제에 대한 예전의 철학에서는 두 가지 원리가 있다. 그 하나는 난폭한 수단을 사용하여 복수심에 불타고 격분하는 것이고, 또 하나는 악이 당신을 지배하게 방치하는 것이다.

후자의 방법을 사용한 사람의 대표적인 인물로 간디를 들 수 있다. 그런데 그 방법이 모든 사람에게 가치 있는 것인지 필자도 잘 모르겠다. 그러나 그 긍정적인 무저항의 수단에 의해 적을 지배하려는 방법은 적을 다루는 제3의 방법임을 잊지 말아야 한다.

적대감이 당신을 망치게 해서는 안 된다. 폭력을 이용하지 않고 적을 압도할 수 있는 방법을 찾아야 한다.

투쟁을 위한 투쟁을 해서는 안 된다. 당신의 이기심을 충족시키기 위해서는 싸우지 말라. 보다 큰 목적을 위해서 싸워라. 그것이 비록 부적합하게 보일지라도 싸움이 없는 싸움을 하라. 긍정적인 힘을 갖기 위해서 싸워라. 극복하는 데 필요한 추진력을 얻기 위해 노력하라.

한 번은 어떤 사람이 나의 마음을 바꾸기 위해 나를 위협했다. 그러나 나는 조용히 이렇게 말했다.

"우리가 지금 아무리 싸워도 내 마음은 변하지 않을 겁니다. 당신은 나를 죽일 수 있으나 나의 마음은 바꿀 수 없소. 당신은 감옥에 있는 동안에 그것을 깨달을 거요."

동요하지 않는 나의 자세에 그는 격분을 가라앉혔다. 우리는 싸우지 않았다.

필자는 모든 사람에게 무저항으로 어떤 어려움도 제거할 수 있다고 말하는 것이 아니다. 만약 어떤 사람이 그러한 방법으로 남다른 재주를 가지고 있다면 기적을 낳을 것이다.

만약 당신이 위트를 이용하면 상대방을 공격할 필요가 없을 것이다. 만약 당신을 증오하는 사람에게 밧줄을 주면 그는 그 밧줄로 자신을 묶게 될 것이다. 적에게 어떤 틈을 보여라. 그러면 스스로 무너질 것이다. 적은 당신의 실패의 요인을 이용하지만 오히려 적이 실패를 자초하게 될 것이다.

짐으로써 이긴다

당신은 짐으로써 이긴다는 것을 기억하라. 그리고 목표를 위해 노력할 때 별로 대수롭지 않은 것은 포기하라.

꼿꼿한 자세를 보여라. 그러나 가치 있는 목표를 방해하는 일에 는 유의하라. 이기주의자는 자기만의 것을 요구한다.

루즈벨트 대통령은 적을 다스릴 줄 알았다. 어떤 법안을 제출하자 한 의원이 결사적으로 반대하였다. 루즈벨트는 그 의원이 광적인 우표수집가라는 것을 알았다. 그래서 그는 그것을 이용하기로 했다. 어느 날 밤 루즈벨트는 그 의원에게 전화를 걸어 자신도 우표수집을 하고 있는데 정리하는 방법에 대해서 가르쳐 달라고 하자 그 의원은 단숨에 달려와서 함께 즐거운 마음으로 일을 했다.

그 다음 날 그 법안은 무사히 통과하였다. 물론 결사적으로 반대하던 그 의원은 찬성표를 던졌다. 루즈벨트와 그 의원은 그때부터 적에서 친구가 되었다.

때로는 적이 난폭할 수 있다. 그러나 그에게 힘을 보일 필요는 없다. 그것은 개인이나 국가나 마찬가지다. 용기와 확신은 힘에 의존하는 적에 대항하는 강력한 무기이다. 동물은 언제 당신이 두려워하는가를 안다. 겁쟁이는 당신이 언제 두려워하지 않는가를 안다.

Things you must do before
it's too late to live without regrets.

chapter 10

삶에서
사랑을
잃지 않는다

1. 사랑의 가치를 깨닫는다

　오래 전 한 영국 수상의 부인인 렝세이 맥도날도는 죽음을 눈앞에 두고 남편을 가까이 불렀다. 유언을 남기기 위해서였다. 그 수상은 부인이 어떤 유언을 할까 긴장한 가운데 귀를 기울였다. 그 부인은 남편에게 이렇게 유언을 남겼다.

　"우리 아이들의 생활에서 사랑이 계속 유지되도록 해주세요."

　이 이별의 메시지에는 커다란 지혜가 담겨 있었다.

　인생을 진지하게 생각해온 모든 사람들과 마찬가지로 그 부인은 "과거는 인간에게 무거운 고통을 안겨주므로 노력하지 않으면 그들 인생에서 사랑을 빼앗기게 될지도 모른다."는 사실을 알았던 것이다.

　나폴레옹은 "인간은 전쟁터에서는 빨리 늙는다."고 말했다.

　우리 인간은 아무 생각 없이 산다면 인생은 전쟁터와 마찬가지 일 것이다.

찰스 람브는 "우리의 정신은 육체보다 훨씬 더 먼저 늙는다."라고 말했다. 나폴레옹의 말이나 찰스 람브의 말은 모두 인생은 순식간에 늙고 변한다는 것을 말해준다.

가슴 뛰는 새로운 기대감으로 하루를 시작하라

우리는 젊었을 때 여러 가지 기대를 가지고 시작한다. 그리고 모험 정신을 가지고 다가올 미래를 내다본다. 하지만 멀리 가기 전에 그 기대에 차가운 맞바람이 불기 시작한다. 날개를 펴서 노력해 보지만 실패한다. 아주 슬픈 이야기이지만 이때 어떤 일들은 착각에 사로잡혀 사랑을 가졌던 과거로 돌아가려고 발버둥친다. 우리는 잊어서는 안 된다. 인생에서 정열과 스릴을 잃는 것은 어느 무엇보다도 슬픈 일이라는 것을 말이다.

자신이 나이에 관계없이 늙었는지 아는 확실한 방법이 있다. 아침에 일어날 때 자신의 마음 자세를 통해서 알 수 있다. 가슴 뛰는 새로운 기대감으로 깨는 사람은 "오늘은 좋은 날이야. 오늘은 놀라운 일이 벌어질 거야." 하고 마음속으로 생각한다.

그러나 나이에 관계없이 이미 늙어버린 사람은 무관심하게 깨어나서, 어떤 놀랍고 좋은 일이 일어날 것이라고 기대하지 않는다. 오늘도 다른 날과 똑같을 것이라고 생각한다. 그리고 그가 맞이하는 하루가 더 나빠지지 않기를 바랄 뿐이다.

어떤 사람은 기대를 가지지만 약간에 지나지 않는다. 또 어떤 사람은 인생의 초기에 기대감을 상실해 버렸다. 인생을 보람

있게 보내기 위해서 가장 중요한 것은 당신의 인생에서 사랑을
얼마나 잘 유지하느냐에 달려 있다.

　시인 윌리엄 위즈워드는 우리에게 흔히 일어날 수 있는 슬픈
일을 다음과 같이 묘사했다.

　　우리가 유아기에 있을 때
　　천국은 우리 속에 존재한다.
　　소년기가 되면서 고통의 그림자가
　　드리우기 시작한다.
　　그러나 그는 빛을 동경하고
　　빛이 들어올 때 기쁨 속에서 빛을 본다.
　　동쪽에서 매일 더 멀리 걸어가는 젊은이들
　　계속 여행을 해야 한다.
　　그의 가는 길에는 놀라운 비전이
　　계속 그에게 따른다.
　　결국 인간은 그 비전이 사라짐을 느끼고
　　평범한 하루의 빛으로 시들어버린다는 사실을 깨닫는다.

인생의 '새로움' 이 빨리 사라진다.

　어떤 사람에게는 인생의 새로움이 지나치게 빨리 사라진다.
우리는 높은 희망과 관심으로 시작했으나 새로움이 의미가 없
는, 단조로움 속에서 죽어가고 있다.

축복으로 시작했던 결혼이 매일 매일의 생활 속에서 그 의미를 상실한 것처럼 보인다. 한때 우리에게 주어진 희망과 야망이 무기력해 보이기도 한다. 생의 기쁨도 사라지고 우리의 매일의 일상생활은 텅 빈 채 의미가 없다.

그러면 어떻게 해야 할까?

어떤 사람은 생의 희열이 사라지고 있다는 것을 알 때, 그것을 물질적인 것으로 대체하려고 한다. 더 많은 것을 소유하고, 더 많은 돈이나 특권을 가지며 여행을 하면 옛 기쁨은 다시 주어질 것이라고 생각한다. 또 어떤 사람은 인생에서 사랑이 사라져 간다고 생각하면 다른 쾌락을 찾으려고 한다. 새로운 육체적인 쾌락에 행복이 있다고 생각한다. 아름다운 것들을 진정으로 이해하지 못한 그들은 그 스릴이 계속 또 다른 스릴을 요구한다는 것을 잊고 만다. 모든 속박이나 이상적인 것을 버림으로써 인생의 희열을 얻고자 하는 그들은 육체적인 것은 이내 사라지고 오히려 괴로움만 얻게 된다는 것을 모른다. 그러나 인간에게는 양심이라고 하는 것이 있어 상처를 받고 괴로움에 시달리게 된다. 모든 사람에게는 자존심이라는 것이 있다. 그 자존심은 악한 일을 하지 못하게 예방한다. 그러나 일단 악한 것에 물들게 되면 마음의 평화를 유지할 수 없게 된다.

성공과 행복한 삶의 비결은 삶 자체에 있다

인생에서 많은 어려움이 있음에도 불구하고 용감하게 살아가는 정직하고 성실한 사람들이 많다. 그들은 물질적인 것에서 잃어버린 사랑을 찾으려고 하지 않으며, 명예나 지식에서 감각적인 쾌락을 찾으려고 하지 않는다.

강조하고 싶은 것은 성공적이고 행복한 삶의 비결은 곧 그 삶 자체에 있다는 사실이다.

인생은 하나의 예술이다. 따라서 인생에서 성공하기 위해서는 모방으로부터 참된 것을 이해하고, 만족하는 것이 필요하다. 그 참된 것을 찾아야 하며, 모방 자체에 만족해서는 안 된다.

"사람들이 전혀 자신의 삶에서 만족하지 않는 것에 참으로 놀라울 뿐이다."

어느 철학자의 말이다. 그것은 바로 우리 자신이다. 우리는 마음에 여유가 없이 성급하며, 걱정과 고민 속에서 하루를 보내면서 그것을 인생이라고 부른다.

그리고 때때로 일시적인 스릴을 맛보면서 그것이 마치 삶인 것처럼 생각한다. 그러나 우리의 마음 저 깊은 곳에서는 참된 삶이 그 이상의 것임을 알고 있다. 그것은 오히려 간절히 원하는, 훌륭하고 놀라운 체험이다.

2. 순수한 사랑을 하자

  사랑을 이해하기 위해서는 그 대상을 먼저 이해해야 한다.

  사랑에 빠진 사람은 생활 전반에 걸쳐 큰 영향을 받으며, 그가 생각하기에 사랑 이상으로 중요한 것이 없다.

  많은 사람들에게 있어 남녀 간의 사랑은 마치 읽을 만한 책이나 쓸 만한 편지와도 같다. 또한 그들이 원하는 것이 순수하고 그들의 의도가 비록 좋을지라도 물질은 거기에 장애가 되기도 한다. 왜 그럴까?

  첫째, 우리는 사회의 한 일원으로써 다른 사람과 더불어 행동해야 한다. 그리고 아침에 눈을 뜨면서부터 거의 하루 종일 생활비를 걱정하며 요리나 청소를 하는 등 단조로운 삶을 살아간다. 그래서 사랑하는 사람과 보내는 시간을 보다 적게 투자함으로써 일에 더 빨리 숙달된다. 둘째, 여러 가지 이유로 우리는 다른 사람에게 마음이 끌린다.

그리고 사랑은 우리의 걱정을 감소시켜 준다.

걱정을 덜어주는 다른 방법이 또 있다. 그렇기 때문에 돈이 필요하다. 그것들을 얻기 위해서는 역시 돈이 필요하기 때문이다. 열심히 돈을 벌어야 한다.

돈은 그렇다고 흔히 말하듯이 그렇게 비합리적인 것만은 아니다.

사람들은 관심을 끌고 존경을 받기 위해 자신의 부를 자랑해 보인다. 그러나 만약 어떤 사람이 무척 가난하게 살았는데, 그가 죽은 뒤 50만 달러나 되는 거금이 그의 침대 밑에 숨겨져 있는 것이 발견되었다면 과연 그가 존경을 받을 수 있을까? 아마도 그가 호화로운 맨션과 요트를 사는데 50만 달러를 소비하고 또 그것을 유지하기 위해 빚을 진다면 오히려 사람들은 그를 더 존경할 것이다. 사업계에서는 그에게 더 많은 신용을 주고, 더 많은 돈을 벌 기회가 주어질 것이다.

그러나 큰 부를 갖는 것으로 다 된 것은 아니다. 그 부는 눈으로 볼 수 있는 것이어야만 한다. 즉 분명한 소비가 필요한 것이다. 분명한 소비란 자신의 부를 다른 사람에게 나타내기 위한 행위를 의미한다.

호황에 치달았던 1920년 많은 부를 축적했고, 그와 더불어 사회적인 지위를 확고히 하고자 어느 사람이 예술품을 수집하였다.

그가 산 그것은 그 가격만큼 그렇게 중요한 것은 아니었다. 단지 그것은 하나의 기사거리를 만드는 데 필요했던 것이다.

그것은 마치 "나는 매우 유능하며 부자가 되었기 때문에 적어도 내 부가 위협받지 않는 한도에서 일시적으로 기분을 충족시킬 수 있다."하고 말하는 것과 같다.

확실히 많은 부는 부러움과 존경의 대상이 되며, 남의 이목을 끌기 마련이다. 그래서 만약 그가 수집한 예술품에 그의 훌륭한 취미가 반영되었다면 그의 지위는 더욱 올라갈 것이다. 그리고 어느 정도는 선택에 있어 그 폭이 넓어질 것이다. 오페라를 보면서 항상 잠을 자는 사람이라 해도 언젠가는 거기에 익숙하게 될 것은 분명하다.

인간관계는 어려운 것인가

심리적인 면에서 볼 때 물질에 대한 우리의 욕구는 같은 인간을 사랑하는 경우보다 더 쉽게 만족을 할 수가 있다. 우리가 지닌 개인적인 약점은 부를 축적하는 데 큰 어려움을 주지는 않는다. 그렇지만 다른 사람과 원만한 관계를 이루는 데는 개인적 약점이 큰 장애가 되기도 한다.

많은 사람들이 하루의 대부분을 사무실에서 보내고 있다. 그들은 "집에서 제 정신을 차린다는 것은 도저히 불가능하다. 다른 사람도 그럴 것이다. 나는 나의 부인과 좋게 지낼 수 없다. 뜻이 맞는 것이 아무것도 없다. 우리 내외는 서로 사랑한다. 그러나 일이 원만하게 돌아가지 않는다. 내가 시키는 대로 되어지는 일이 하나도 없다."하고 말한다. 그의 시각에서 보면 백

번 옳은 말이다. 기업과 증권 시장의 변화는 어느 정도 예측할 수 있으나 오히려 예측하기 어려운 것은 사랑의 문제이다.

많은 남자들이 여자들은 정말 이해하기 어렵다고 느끼고, 그녀들은 날씨와 같이 변덕이 심하다고 생각한다. 그러나 잘 생각해 보라. 아마도 그렇게 느끼는 그들은 그들의 모든 시간을 재물을 얻는 데 급급했던 사람들일 것이다. 부인의 욕구나 소원을 이해하기 위해 어떤 시간도 할애하지 않았을 것이다.

그들은 시장의 동향이나 상대 기업의 정보를 연구하고, 그래서 그 방면에는 대가가 되어 있다. 그러므로 그에 대한 어떤 변화에도 놀라지 않는다. 그러나 그들은 아내에 관해서 이해하는 데 시간과 노력을 할애하지 않는다. 그들은 인간 행동에 대한 연구가 사업 못지않게 가치가 있다는 것을 알지 못한다.

많은 이들이 다른 사람들이 어떻게 행동하고 어떻게 느끼고 있는가를 알지 못한다. 그래서 그들이 생각하는 것보다 더 큰 문제가 서서히 일어나고 있다.

대부분의 사람들은 인간관계의 문제를 그렇게 중요한 것으로 받아들이지 않는다. 그래서 무방비 상태에서 어떤 놀라운 사실을 접하게 되고, 그것이 비록 좋은 소식일지라도 기쁨보다 두려움을 갖는 경우가 많다.

사랑하는 사람은 서로를 이해한다

인간관계에 있어서 예측을 한다는 것은 매우 어려운 일이다.

그러나 전혀 불가능하지만도 않다.

누구에게나 자기를 잘 아는 친구가 있다. 그 친구는 그의 행동을 예측한다.

우리는 고용주나 친구를 잘 알지 못하며, 그를 이해하는 데 어려움을 겪는다. 그러나 그들의 반응은 우리에게 매우 중요하다. 우리는 미리 "그는 그런 것을 좋아하지 않는다."고 말하거나 "그녀는 그것을 그런 식으로 보지 않을 거야." 하고 말한다. 그러나 그것이 반드시 옳을 것이라고 기대하지는 않는다. 또한 증권시장이나 판매 실적에 대한 예측이 항상 옳을 것이라고 기대하지 않는다. 그 예측은 단지 추측일 뿐이다. 그렇지만 거기에는 어느 정도 그럴 만한 이유가 있다.

흔히 어떤 사람을 알고자 하는 경우 그의 행동을 보고 미루어 짐작을 하게 된다. 그러나 그것은 매우 위험하다. 간혹 어떤 사람은 예측할 수 있고, 습성이나 생활 방식 같은 것이 일정할 수는 있다. 그러나 그것이 다는 아니다. 우리는 그들에 대해서 보다 충분히 알 필요가 있다.

연인들은 서로가 서로를 예측할 수 있다. 그들은 서서히 로맨틱한 사랑에서 보다 깊은 상대방의 본질을 알 수 있는 관계로 발전하게 되고, 상대방에게서 어떤 새로운 면을 발견하게 되어도 놀라지 않는다. 그런 연인들은 결혼 후에도 좋은 관계를 유지한다. 그러나 어떤 사람들은 결혼 후 수년이 지나도 상대방을 잘 모른다. 결국은 이혼을 하게 되는 불행한 관계로 되어 버린다. 그들은 서로를 아는 데 실패했고, 현실을 그대로 받아들이지 못했던 것이다.

사랑하는 사람의 과거의 아름다운 이미지를 현실로 부각시켜서 생각하는 사람들은 어떤 단점을 발견한다 해도 별로 문제가 되지 않는다. 그들은 서로에 대해 신뢰감을 느끼고, 서로의 다른 면을 배우게 된다. 다만 서로에 믿음을 갖고 사랑을 가꾼다. 물론 사회적인 신분도 그들에게 중요하다. 그러나 그들 개인적인 신분은 서로에게 중요하지 않다.

3. 사랑의 방해 요소

　남성이든 여성이든 흔히 야심에는 어떤 심리적인 면이 작용하게 된다. 남성의 경우 여성보다 이러한 심리적인 힘이 더 크게 자극을 받는다.

　우리 사회는 계속 변하며 발전해 간다. 그리고 인간들은 그들의 욕구를 나타낼 수 있는 기회를 찾고자 부단히 노력한다.

　아이들이 이러한 욕구를 갖게 하는 데 중요한 역할을 하는 사람은 부모이다. 또 가족은 그 가족 간의 경쟁이나 행위로서 서로에게 자극을 주기도 한다. 다른 사람의 사랑 때문에 부모와 경쟁하고 부모의 사랑을 독차지하기 위해 형제들과도 경쟁을 한다. 이런 경쟁은 경기장, 학교, 운동장에서 계속 성장한다. 어떤 것을 성취하고자 하는 욕구나 명예를 얻고자 하는 욕구는 인간의 본능이다. 그리고 성장을 하게 하는 추진력이 되기도 한다. 인간은 누구도 그러한 욕구에서 완전히 해방될 수 없으며 사회에서 그 욕구를 충족시키기 위해서 서로 협력을 한다. 우리는 재물이나 지위를 얻기 위한 능력을 계발하고자 여러 가지 사업이나 전문적인 기술을 배운다. 그러나 인간에 관한 학과는 없다.

하버드 경영대학원은 있지만 프린스톤 사랑 대학은 없다. 세상은 우리에게 사랑을 성취하는 자부심을 특별히 갖게 하지 않는다. 어떤 사람이 사랑으로 행복하게 되었어도 그의 친구들은 "그는 운이 좋은 사람이야!"라고 말한다. 두 사람이 행복하면 "두 사람 모두 운이 좋아, 천생 연분을 만났구먼!" 하고 말한다.

우리는 세속적인 성취를 특별한 능력의 상징으로 보고 있다. 그러나 사랑에 성공하는 경우 두 사람의 우연한 만남의 결과로 보거나 우연히 잘 된 것으로 생각한다. 그들이 지혜롭게 노력해서 이룬 것이라고 생각하지 않는다. 그들이 서로를 선택했을 때, 그들은 행복감과 조화를 이루고 성취감에 대한 서로의 욕구를 충족시킨다는 점을 많은 사람들은 생각하지 못한다.

재물이 특별히 강조되는 오늘날, 재물을 축척하는 기본적인 욕구를 피하기는 어렵다. 성공은 누구에게나 중요하며, 그 보편적인 척도는 경제적 성취다. 모든 것에는 가격이 있다. 따라서 돈이 가치의 일반적이고 손쉬운 척도임을 느끼게 한다. 거기에서 세속적인 재물의 만족감, 안정감, 지위, 가치관에 대한 확신을 느낄 수 있다. 이제 우리는 다음과 같은 경제를 생각해야 한다. "나는 얼마나 유익한 사람인가?"

재물에 대한 애착과 인간에 대한 애정과의 조화

재물에 대한 애착과 사람에 대한 애정은 흔히 우리로 하여금 심한 갈등을 겪게 한다. 인간에게는 사랑해야 할 사람과 사랑해줄 사람이 있다. 삶을 살면서 가장 중요한 문제의 하나는 물질적인 애착과 인간에 대한 애정을 양립시키는 것이다. 이 중 어느 한 가지도 희생시킬 수가 없다.

그러므로 이 두 가지에서 얻어질 수 있는 이점을 유리하게 활용할 수 있어야 한다. 이 두 가지는 반드시 어느 하나의 희생을 요구하지 않는다. 어느 한편에 집착하지 않는 협조적인 자세는 단순한 꿈이 아니다. 그것을 다른 사람에게 미루지 말라. 서로 협력함으로써 더 유익한 점을 얻으라. 그럼으로써 사업에도 어떤 위엄이나 존경심, 또는 친근감을 얻을 수 있다. 그리고 다른 사람과의 좋은 관계는 당신의 성공에의 만족감을 더해준다.

물질적인 신분보다 더 매력적인 것은 보다 좋은 인간관계에 확고한 가치관을 두는 것이다. 그리고 그 물질과 인간관계가 서로 조화를 이루도록 노력해야 한다.

4. 힘써 얻은 성공을 허사로 만들지 말라

지금으로부터 20년 전 어느 해 겨울, 시카고에 있는 에지워터 비치 호텔에서 중요한 회의가 열렸다. 그 회의에 참석한 이들은 세계에서 가장 중요한 8명의 거물들이었다.

- 최대의 강철 회사 사장
- 최대의 공익사업 회사 회장
- 최대의 가스 회사 회장
- 뉴욕 증권 거래소 회장
- 전 미국 각료
- 월 스트리트가에서 가장 영향력 있는 증권업자
- 세계의 가장 큰 조합장
- 국제 결산 은행장

이들은 명실 공히 성공자들이다. 그들은 부와 권력을 얻는 비결을 안다.

그런데 그로부터 25년 후에 찰스는 파산하여 죽었고, 사무엘 인설은 빈털터리 거지가 되었고, 하워드 홉슨은 미쳤으며, 리차드 휘트니는 형무소에 복역 중이었으며, 알버트 풀은 사면되자마자 병으로 죽었고, 엣세 리버모어는 자살했다.

목표를 향해 나가는 길에는 으레 예기치 못한 상황이 벌어진다. 가치관도 바뀌게 된다. 그만 황금에 눈이 멀 수도 있다. 위로 계속 오르고자 하는 욕망 때문에 사랑은 아내와 가족을 멀리하게 된다.

그렇다면 큰 성공을 거둔들 무엇이 남겠는가? 심신의 힘을 모두 기울여 얻고자 했던 성공은 물거품이 되고 만다.

물질적인 것에만 집착하지 말라

사람은 누구나 물질적인 것, 즉 돈으로 얻을 수 있는 것들을 좋아한다. 그리고 실제로 그것들은 우리 인생의 중요한 부분이 되고 있다

'나는 새 차를 갖고 싶다.'

'나는 모피 코트를 갖고 싶다.'

그들은 이와 같이 '~하고 싶다'는 말을 많이 사용하고 있다. 그말은 그것들을 '사랑한다'는 의미이며 또 그 사랑은 곧 애착을 의미한다. 물질적인 욕구에 사로잡힌 사람들은 흔히 자기들의 욕구를 자주 나타내고 그 원하는 것들을 얻는 방법을 알고자 노력한다. 그런 와중에 그들의 욕구는 점점 강해지기만 하

고 욕구에 더욱 집착한다.

인간은 그 집착 때문에 많은 시간과 생각과 에너지를 낭비한다. 그래서 자칫 인간의 욕심이나 어떤 지위가 사랑의 대상이 되어버렸기 때문이다. 인간은 이러한 물질적인 집착에서 벗어나 로맨틱한 감정에서 사랑을 할 수 있다고 생각하고, 또 실제로 그렇게 하고 싶어 한다.

사실 꿈과 희망을 동경하는 마음도 전혀 없지는 않다. 그러나 우리는 쉽게 물질적인 욕구가 빚어내는 고통스러운 압박이나 사회적인 강력한 힘으로부터 벗어나지 못하고 있다.

물질로부터 우리가 얻는 것

오늘날 자본주의 사회는 물질에 보다 큰 가치를 부여한다. 이는 비단 최근의 일만은 아니며, 수 세기 동안 우리 사회는 물질을 얼마만큼 소유했느냐는 정도에 의해 그 사람의 신분을 나타냈다. 물질 소유는 인간의 정신적인 면에도 큰 영향을 끼친다. 대부분의 사람들은 낡은 차보다는 값비싼 새 차에서 안정을 느낀다. 그래서 아내와 보내는 시간보다 차와 보내는 시간이 더 많아진다.

무엇을 소유하게 되면 우리는 걱정을 덜 하게 된다. 그래서 물질이나 지위는 우리에게 무조건적인 애착의 환상을 심어주게 된다. 적어도 애착은 갖지 않는다 해도 어린 시절부터 갖고 있던 동경심을 만족하게 한다. 물질은 우리에게 만족을 주며, 이러한 만족의 가장 강력한 요소는 자기 애착이다. 자기 애착은 인생의 전반기, 즉 어린 시절에 나타내는 사랑의 표현이다.

우리는 도둑을 나쁜 사람이라고 배우고 자라며, 그래서 도둑 맞지 않기 위해 신경을 쓴다. 열쇠를 사용한다. 그리고 보험에도 든다. 한편 사람 그 자체에 회의를 느낀다. 많은 사람들이 자신이 돈 때문에 사랑을 받는지 아니면 자기 자신을 사랑하는지 깨닫지 못한다.

일시적인 사랑이 있다. 흔히 어린아이의 사랑이 그렇다. 물질도 물론 기업은 파산 따위와 같은 불행만 따르지 않는다면 믿을 수가 있을 것이다.

Things you must do before
it's too late to live without regrets.

성공을 위해서
반드시 갖추어야
할 습관

1. 근면의 습관

"습관은 인간의 삶에 있어서 가장 높은 판사와 같다. 그러므로 좋은 습관을 가지도록 노력하라." 프란시스 베이컨의 말이다. 삶에서 일어나는 모든 행동에 대해서 옳고 그름을 판단하는 판사 노릇을 하는 것이 곧 '습관'이라는 것이다. 그래서 좋은 습관을 길러야 한다는 것이다.

남은 삶을 성공적으로 보내기 위해서 길러야 할 첫 번째 습관은 바로 근면의 습관이다.

"근면은 감정적인 나태보다 한층 더 강한 동기가 없으면 생겨나지 않는다. 그리고 그 동기는 항상 두 가지 종류가 있다. 낮은 수준의 동기는 욕심, 특히 명예심이나 탐욕, 생활을 유지해야 하는 필요성 등이다. 높은 수준의 동기는 일 그 자체나 사람들에 대한 사랑, 책임감이다. 이 가운데 높은 수준의 동기는 오래 지속되는 성질이 있는데, 꼭 결과에 구애받지 않는 특징도 가지고 있다. 따라서 실패한 후 질려서 싫어진다거나, 성공한 후 만족감을 얻어도 열정이 식는 법이 없다.”

　독일 철학자 힐터의 말이다. 성공한 사람들은 더 큰 동기와 목적을 가지고 어느 누구보다도 더 부지런히 일하였다. 그들은 자신만의 안위나 가족들의 생계만을 위해서 일한 것이 아니라. 더 많은 사람들을 행복하게 하고자 하는 큰 목적으로 부지런히 일을 했다. ‘습관은 삶의 훌륭한 안내자’라는 데이비드 흄의 말처럼 성공한 사람들은 좋은 습관을 안내자로 받아들였다.

　스코틀랜드에서 미국으로 이민 온 카네기 가족은 낯선 곳에서 매우 어렵고 힘든 생활을 했다. 하지만 카네기는 어려서부터 근면하였다. 다른 사람이 한 시간 일할 때 두 시간 일하고, 다른 사람이 30분 쉴 때 10분 쉰다는 각오로 일했다. 남들보다 한 발자국 먼저 가야만 부자가 될 수 있다고 생각한 카네기는 어려서 취직을 할 수 없으나 어머님을 도와 집안일을 했다. 그렇게 생활하는 과정에 근면이 그의 습관이 되어 버렸다. 매일 아침 일찍 일어나 구두를 만들어 생활하는 어머님을 도와 가죽을 정리하는 일을 도왔고, 밤에는 늦게까지 공부하였다.

　13세 때 주급 1달러 20센트를 받고 면직물 공장에 취직한 그는 기계공으로 열심히 일을 하였다. 20세가 되던 해에 마침내 월급 25달러를 받고 팬실베니아에 있는 철도회사에 취직하였다. 그때부터 그는 근면의 습성이 더욱 발휘하기 시작하였다. 다른 직원은 오전 9시에 출근하였으나 카네기는 오전 6시에 출근하였다.

남들이 출근하기 전에 사무실에 도착한 그는 사무실을 깨끗이 청소한 후에 철도에 대한 책을 읽었다. 언젠가 닥칠지 모르는 기회를 잡기 위함이었다.

그는 철도 공부를 하는 과정에 중요한 사실을 깨달았다. 꿈꾸고 배운 것을 실현하기 위해서는 사업을 하지 않으면 안 된다고 생각하였다. 그리하여 온갖 어려움을 딛고 마침내 철강회사를 설립하였다. 그가 깨달은 것은 그 당시 목제로 된 다리는 언젠가는 반드시 철제로 바뀔 것이라는 사실이다. 선견지명이 있었다. 카네기는 남들과 똑같아서는 절대로 부자가 될 수 없다고 생각하여, 남이 보지 못하는 것을 보는 안목을 키웠고, 그것을 위해서 열심히 책을 읽고 연구하였다.

그 결과 마침내 철도를 나무에서 제철로 바꾸는 공사에 뛰어들어 성공을 거두게 되었다. 어려서부터 근면을 습관으로 몸에 배인 그는 하루 24시간을 25시간 산다는 생각으로 열심히 노력하고 연구하였다. 그리하여 마침내 세계적인 강철왕이 되었다.

근면이 몸에 배이도록 하라

카네기는 어려서부터 근면하였다. 그리하여 부지런함이 습관이 되었다. 근면한 사람들은 거의가 아침 일찍 일어난다. 물론 전부 아침형인간이라는 말은 아니다. 카네기를 위시하여 성공하여 부자가 된 사람들은 습관적으로 아침 일찍 일어났다. 매일 아침 30분 일찍 일어나서 자기 시간을 갖는다. 기상과 함께 5분간 명상을 통해서 성공한 미래의 자신의 모습을 떠올린다. 다음으로는 기분 전환이 될 수 있는 운동을 한다. 그리고는 신문을 읽는다. 그리고 일과를 시작한다. 이런 모든 행동을 습관으로 만들어 습관에 의해서 기계적으로 움직였다.

2. 독서의 습관

빌 게이츠가 어렸을 때의 일이다. 어느 날, 밤을 새워 백과사전을 독파하였다. 백과사전을 한 장 한 장 읽으면서 그 내용들을 그의 머리속에 하나씩 채워 넣었다. 그때 그는 자신이 모르는 세상을 탐험하는 것 같은 기분을 느꼈다. 그렇게 흥미진진하게 읽다가 날이 새는 줄도 몰랐다. 그리하여 아침에 식사를 제대로 하지 못하였다. 밤을 새웠기 때문에 입안이 까칠까칠하였다. 변호사인 빌의 아버지는 어려서부터 빌에게 독서를 많이 해야 한다고 가르쳤고, 남에게 폐를 끼치는 행동을 절대로 하지 말아야 한다고 가르쳤다. 그리고 이런 행동은 일시적인 것이 아니라 습관화되어야 한다고 말하였다. 그리하여 그 영향으로 빌은 어려서부터 '책벌레'라는 소리를 듣기도 했다.

그 뿐만 아니라 빌은 어려서부터 호기심이 대단하고, 어떤 문제가 생기면 밤새 컴퓨터와 씨름하고, 한 번 책을 읽기 시작하면 도서관에서 며칠을 보냈다. 집념이 강했다.

책장을 넘길 때마다 세상의 모든 비밀이 풀리는 것만 같이 신기하기만 했다. 그러면서 날마다 자신에게 최면을 걸었다.

'오늘은 웬지 큰 행운이 나에게 있을 것만 같다. 나는 뭐든지 할 수 있다.'

그렇게 성장한 빌 게이츠는 성장하여 마이크로소프트 사장이 된 후에는 독서하고 생각하는 시간을 갖기 위해 '생각주간 (Think Week)을 만들었다.

백양목이 여러 갈래로 뻗어 있고, 백양목 숲이 우거진 곳에 자그마한 2층 건물이 있다. 그 건물에 그는 혼자서 생활하는 데 필요한 침대와 식탁, 냉장고와 책상, 의자, 컴퓨터를 갖추어 놓고 생각하고 독서하는 시간, 즉 '생각주간'을 만들어서 그 곳에서 외부와 일체 연락을 끊고서 오로지 독서와 생각에 몰두하였다. 생각주간은 빌 게이츠가 어려서부터 지속한 연례행사였다. 처음에는 할머니와 함께 했으나 좀더 성장하여서는 휴가 기간에 조용히 혼자서 자신만의 생각을 정리하고 독서하는 게 고작이었다. 1년에 두 차례씩 일주일 동안 체계적으로 휴식하는 방식으로 생각주간을 지냈다.

생각주간에는 침대에 누워서 비서가 갖다 준 보고서를 읽는 것으로 시작한다. 연필과 A4메모를 가지고 차근차근히 읽는다. 보고서를 다 읽고 나면 그 동안 읽지 못했거나 읽으려고 계획했던 책을 읽는다. 일주일 동안 생각주간에는 오로지 혼자서 시간을 보낸다. 빌 게이츠는 최고의 부자가 된 지금도 책을 손에서 놓지 않고 읽으며 세상을 알려고 노력하고 있다.

기업인은 아니지만 독서로 대통령이 된 사람이 있다. 바로 미국의 링컨 대통령이다. 링컨의 집안은 무척이나 가난하였다. 정기교육을 받는다는 것은 사치에 불과했다. 그런 그에게 독서를 통해서 지식을 습득할 수 있게 한 사람은 그의 의붓어머니였다. 의붓어머니가 빌려다 준 〈성경〉〈로빈손 크루스〉 등을 읽고 또 읽었다. 책 읽기를 좋아하는 링컨은 먼 곳을 마다하지 않고 달려가서 일을 해주고 임금 대신에 책을 빌려다 읽었다.

링컨은 변호사가 되어서도 책을 놓지 않았다. 그는 집에 돌아오면 책부터 읽었다. 그는 소리 내어 읽는 독특한 습관이 있었다. 정규교육도 제대로 받지 못한 링컨을 대통령으로 만든 것은 평생에 독서하는 습관이었다. 독서를 통해 링컨은 지식을 얻었고, 사고의 방법을 배웠고, 자신의 생각을 다른 사람에게 효과적으로 전달하는 방법도 배웠다. 링컨에게 독서는 어쩌면 생존을 위한 무기였는지도 모른다.

독서를 하는 사람은 사물에 대하여 생각하는 방법에도 뛰어난 발상을 가지고 있다. 빌게이츠가 대중화된 컴퓨터를 개발하게 된 것도 어려서부터 많은 독서를 통해서 얻은 결과로, 독서는 고정된 생각을 넘나드는 창의력과 폭넓은 지식, 거기에서 기반하는 판단력은 그에게 존경심을 안겨주었다.

독서는 습관화되어야 한다. 습관이 될 때 책을 손에 잡게 되고 페이지를 넘기게 된다.

그러면 독서를 어떻게 해야 습관화할 수 있을까? 매일 매일의 실천을 통해서 가능하다. 매일 책을 잡고 읽다가 보면 자신도 모르게 습관화된다. 지속적인 실천이 습관으로 만든다.

빌 게이츠를 포함하여 성공한 모든 사람들은 독서를 한 실천가 들이다. 그들은 방향이 없이 책을 읽은 것이 아니라 목적을 가지고 지속적으로 책을 읽은 사람들이다.

성공한 사람들은 독서하는 좋은 습관을 개발했으며, 보다 더 많은 행동으로 옮긴 실천가이며, 더 많이 배우고, 더 효과적으로 일하면서 생활한 사람들이다.

한마디로 말해 성공한 사람들은 좋은 습관을 개발하여 그것을 지속적으로 실천에 옮긴 사람들이다.

독서의 습관을 갖기 위해서 링컨처럼 귀가하는 즉시 책부터 손에 든다. TV나 모니터 앞에 앉지 않고 서재에 들어가거나 응접실에서 먼저 책부터 잡고 한 페이지라도 읽는다.

3. 시간을 효율적으로 사용하는 습관

시간을 자기의 것으로 만드는 가장 좋은 방법은 중요하지 않은 것에 시간을 투자하지 않은 것이며, 쓸데없는 약속을 하지 않는 것이다. 약속은 당신의 시간을 통째로 삼켜버릴 수 있다.

당신에게 주어진 일들을 다음의 네 가지로 분류할 수 있다. 즉 '시급하면서도 중요한 일', '시급하지 않지만 중요한 일', '중요하지 않으나 시급한 일', '중요하지도 않으면서 시급하지도 않은 일'이다.

그런데 만일 동시에 여러 가지 일을 해야 할 때 위의 네 가지 기준을 근거로 하여 일의 순위를 정한 뒤 처리하면 효과가 있을 것이다. 업종의 종류에 따라 다르겠지만, 4가지 기준 중 두 번째에 해당되는 '급하지 않으나 중요한 일'에 많은 시간을 투자해야 한다. 많은 사람들은 '급하면서 중요한 일'을 우선적으로 처리하는 것이 중요하다고 생각하지만, 실제 그런 일은 거의가 인생에 크게 영향을 미치지 않는, 단순하고도 반복적인 일일 경우가 많다. 그러나 시급하지 않지만 중요한 일은 당장은 효과가 나타나지 않지만 인생에 큰 영향을 끼치는 일인 경우가 많다. 이런 일은 또한 미리 준비해두지 않으면 조만간 발등에 불이 떨어질 경우가 많다.

예를 들어서 영어 공부는 당장 시급한 일은 아니지만, 만약 지금 해놓지 않으면 좋은 직장을 구하거나 해외 파견 근무에 소외당하는 경우가 많다.

대부분의 사람들은 시급성에만 초점을 맞추어 첫 번째와 세 번째 경우에 너무 많은 시간을 소비하고 있다. 그러나 중요한 일을 하는 것과 많은 일을 하는 것 사이에는 근본적인 차이가 있다.

우선순위를 정하는 방법

급하면서 중요한 일인가, 중요하지 않은 일인가를 판단하기 위해서는 다음과 같은 방법이 효과적이다.

첫째, 매일 아침 일어나서 오늘 무엇을 해야 하는지를 생각하라. 생각한 것을 수첩에 메모할 때는 위에서 제시한 네 가지 순서로 결정한다.

둘째, 무엇이 가장 중요한 성과를 가져다 줄지를 생각하라.

앞에서 설명했듯이 시급하면서도 중요한 일이라고 하여 중요한 성과를 내는 것은 아니다. 중요한 성과를 낼 수 있는 일이란 자신의 목표 달성에 적합하고 남보다 효율적으로 잘할 수 있는 일을 말한다. 이 일에 80%를 투자하고 남은 20%를 사용하라.

셋째, 어떤 일이 가장 만족감을 주는가?

중요하고 시급한 일이라고 해서 만족감을 주는 것은 아니다.

자신의 지위나 업무와 관계없이 만족감을 줄 수 있는 일이 있다. 예를 들어서 사장이나 상사와의 면담이나 상담 등을 들 수 있다. 그 일에 시간을 투자할 필요가 있다.

이 세 가지 여과과정을 통해 일의 우선순위를 정했으면 끝까지 지켜 나가야 한다.

미국 베들레헴 철강 회사 총재인 찰스 슈왑은 어떻게 하면 일의 능률을 극대화할 수 있을까 고민하다가 '능률성'에 관련하여 전문가로 알려진 아이비 리에게 그 방법을 물었다.

아이비 리는 A4용지를 슈왑 총재 책상 앞에 놓고 말했다.

"여기에 오늘 할 일을 적으세요."

그러자 슈왑은 5분 내에 적었다. 그러자 아이비 리는 말했다.

"이제 사장님과 회사에 중요한 업무 순서대로 아라비아 숫자를 기입해 보십시오."

슈왑 회장은 또 5분 내에 우선순위대로 그 위에 아라비아 숫자로 순번을 정했다.

"좋습니다. 이 종이를 주머니에 가지고 다니다가 매일 아침 출근하면 이 종이를 펼쳐보고 적혀 있는 순서대로 일을 하십시오. 한 가지 일을 끝까지 완수한 후 다음 순서의 업무를 수행하십시오. 매일 순서대로 다하지 못해도 상관없습니다. 어찌 됐건 회장님은 매 순간 중요한 일을 처리했으니까요."

그리고 아이비 리는 마지막으로 덧붙였다.

"회장님, 매일 실천해야 합니다. 그리고 이 방법이 효과가 있다고 판단되면 직원들에게도 이 같은 방법을 해보라고 하십시오.

그리고 한 달 후 효과가 있다고 판단되면 저에게 상담료를 보내십시오."

한 달 후 슈왑은 아이비 리에게 상담료 2만 5천 달러와 함께 편지를 보내었다. 그 편지에는 이렇게 적혀 있었다.

"지금까지 내가 들었던 수업 중 가장 소중한 수업이었소. 감사합니다."

Things you must do before
it's too late to live without regrets.

chapter 12

성공하기
위해서
잊지 말아야 할
8가지

1. 인생은 힘든 것이다

우리가 인생을 살면서 무엇보다도 먼저 기억해야 할 것은 '인생은 힘든 것이다.'라는 사실이다. 즉 세상을 헤쳐나가기가 쉽지 않다는 점이다.

그런데 우리들이 몸담고 있는 이 사회는 인생은 힘들지 않다고 매일 말한다. 누구든지 원하기만 하면 무엇이나 얻을 수 있다는 메시지를 쏟아 붓고 있다.

과학기술의 발달로 당신으로 하여금 버튼만 누르면 무엇이든지 다할 수 있다는 것을 알도록 해준다. 그뿐 아니라 며칠 안에 몸무게를 얼마를 줄일 수 있고, 자격증도 딸 수 있고, 부동산에 투자하여 백만장자도 될 수 있다는 등 달콤한 말을 계속해서 전한다. 그리하여 이런 말을 반복하여 듣다 보면 정말로 그렇게 되는 것으로 착각하게 된다. 조금만 노력하여도, 아니 노력을 들이지 않아도 원하는 것을 며칠 사이에 다 이룰 수 있는 것처럼 말한다. 한 마디로 말해서 인생은 힘들지 않게 살 수 있다고 말한다.

이런 광고나 메시지를 들은 사람들은 누구나 인생이 힘든 것이 아니며 누구나 원하는 것을 쉽게 얻을 수 있다고 생각한다. 이런 메시지가 맞는 사람들도 있을 것이다. 부모로부터 타고난 부와 명예를 얻은 사람들은 이 사실을 옳다고 믿을 것이다. 그러나 그런 사람은 극히 소수에 지나지 않는다.

심리학자인 스콧 페이는 그의 저서 〈아직도 가야 할 길〉에서 "인생은 힘든 것이다."라고 하였다. 삶을 살아가기가 힘들다는 것이다. 이것은 대부분의 사람들에게 해당되는 진리이다. 그래서 석가모니는 '인생은 고해'라고 했다.

인생이 힘들고 고해(苦海)인 것은 모든 일이 마음대로 되지 않기 때문이다. 자신의 뜻대로 세상이 움직여 주지 않는다. 또한 우리가 한평생 살아가는 동안 너무나 많은 고난과 시련이 닥쳐서 우리를 괴롭히고, 심지어는 절망에 빠뜨린다. 그리하여 시련을 극복하지 못하고 삶을 포기하는 사람들이 생겨난다.

인생은 본디 힘든 것이다. 길건 짧건 누구에게나 많은 시련과 고난이 닥친다. 그래서 인생은 힘든 것이다. 이것은 누구도 부인할 수 없는 진리이다. 이 사실을 받아들여야 한다.

인생이 힘든 것임을 받아들이면 그만큼 성숙해진다

인생은 힘든 것이라는 사실을 받아들이게 되면, 남은 인생을 더 열심히 살 수 있다. 힘들고 어려운 일들을 극복하기 위해서 더 많은 노력을 하게 된다. 그리하여 문제를 만났을 때 '왜 나에게만 이런 문제가 닥쳤다.'고 불만 불평하는 대신 그 문제를 해결하는 방법을 찾는다. 그런 문제는 나에게만 닥치는 문제가 아니라 '인생은 힘들기에' 누구에게나 다 찾아오는 일이라고 인식하게 된다.

성공한 사람들과 실패한 사람들의 차이를 알고 싶다면, 그들이 인생에서 어려움에 봉착했을 때 어떻게 대처했는가를 알아보면 된다. 실패한 사람들은 문제를 회피하거나 문제의 핵심을 벗어나서 해결하려고 하는 한편, 성공한 사람들은 문제를 받아들이고 직시하고 아무리 힘들어도 해결하려고 한다. 문제를 정면으로 마주하고, 그 해결책을 모색함으로써 인생은 힘들지만 그 속에서 의미를 찾는다.

대다수 사람들의 문제는 그들의 인생에서 많은 어려움이 있다는 사실을 받아들이려고 하지 않는다. 그래서 그 어려움에 적응하기보다는 어려움에 대항하여 싸우려고 한다. 그들은 자신의 문제가 너무 많다고 혼자서 투덜거리기도 하고, 또 다른 사람들에게 불평하기도 한다. 그들은 어려움을 자기만 겪는다고 생각하여, 늘 다른 사람들의 인생은 쉬울 것이라고 생각한다. 그러나 불평은 문제를 해결하기는커녕 더 어렵게 만들기도 한다. 왜냐하면 불평을 한다는 것은 그 문제가 우리 인생에서 필요한 것임을 인정하고 받아들이기보다는 다른 사람에게 떠

넘기려고 하거나 거부하기 때문이다.

　일단 인생이 쉬운 것이 아니라 힘든 것이라는 사실을 받아들이고 나면, 그만큼 성숙해지고, 시련이 곧 기회가 된다는 사실도 깨닫게 된다. 그러면서 자신의 능력을 발견하고 인생의 도전을 받아들이게 된다. 고통에 지지 않고, 오히려 인격을 시험하는 기회로 기꺼이 받아들이게 된다.

2. 세상은 언제나 공정하지만은 않다

두 번째로 기억할 것은 인생은 공평하지 않다는 점이다.

불행히도 인생은 항상 공정하지만은 않다. 이는 당신이 받아들이기에 가장 힘들고 고통스러운 진실일지도 모른다.

별로 노력을 들이지 않아도 떵떵거리고 사는 사람이 있는가하면, 아무리 열심히 노력해도 살기조차 힘든 사람이 있다. 게다가 누구에게도 해를 끼치지 않고 착하게 사는 사람에게 불행한 일이 생기며, 다른 사람으로부터 손가락질이나 받는 나쁜사람들이 잘 살고 있다. 참으로 인생은 공정하지 못하다. 인생에서 참으로 이해할 수 없는 일이다.

성경에서는 태양은 착한 사람이나 악한 사람 모두에게 똑같이 내린다고 했다. 정직하게 열심히 사는 사람이 그 대가로 잘살아야 하고 남에게 해를 입히고 괴롭히는 사람은 그에 마땅한벌을 받아야 공정한데 말이다. 그런데 이 세상은 거꾸로 돌아가고 있다. 인생은 공평하지만은 않다.

영국 수상 처칠이 집무실에서 일을 보고 있을 때였다. 똑똑똑, 노크 소리가 들려왔다. 잠시 후 한 남자가 들어왔다.

"무슨 일로 오셨습니까?"

처칠이 정중한 표정으로 남자를 향해 물었다.

그러자 남자가 잔뜩 인상을 찌푸리며 말했다.

"존경하는 수상님, 너무나 억울해서 이렇게 찾아왔습니다."

"그래요. 어서 말씀해 보세요."

남자는 다소 흥분한 어투로 말했다.

"저는 화가로 며칠 전 미술 전람회에 작품을 응모했습니다. 주위 사람들은 모두 입을 모아 제 그림이 입상할 것이라고 말했습니다. 그런데 너무도 어이가 없는 결과가 나왔지 뭡니까."

"그래, 결과가 어땠나요?"

"보잘것없고 수준 낮은 그림들은 모두 입상을 했는데 제 그림은 낙선하고 말았습니다. 수상님은 그림에 조예가 깊다고 들었습니다. 저는 도저히 이 결과를 받아들일 수 없습니다. 심사위원들에게 문제가 있는 게 분명합니다. 심사위원들 중에 그림을 전혀 그리지 못하는 사람들도 있다고 합니다. 이게 말이 됩니까?" 자신이 그린 그림은 자신이 생각해서 최고의 작품인데, 사람들이 그것을 인정하지 않는데 대한 불만이다. 즉 공정하지 않다는 것이다. 남자의 얘기를 들은 처칠은 빙그레 미소를 지었다. 그리고 나지막한 목소리로 말했다.

"저는 닭이 아니니까 달걀을 낳을 수 없습니다. 하지만 어떤 달걀이 싱싱한지, 상한 것인지 가려낼 수는 있지요. 심사위원도 마찬가지라고 봅니다. 심사위원이 반드시 그림을 잘 그릴 필요는 없지요. 그림을 잘 보고 평가하는 능력만 있으면 됩니다. 당신의 그림이 입상되지 않았다면 분명 당신의 실력이 부족해서일 겁니다. 그래도 억울하다면 다른 사람의 실력을 뛰어넘을 수 있는 최고의 작품을 그리세요. 그럼 분명 입상이 될 것입니다."

길게 보고 최선을 다하라

인생은 공평하지만은 않다. 착하고 부지런히 사는 사람은 행복하고, 게으르고 나쁜 성품의 사람들은 불행이 따라오지 않는다. 세상사가 모두 인과응보의 법칙에 따라 움직이지 않는다. 그러나 인생을 단편적으로만 보지 말고 길게 멀리 내다볼 때 인생은 공평하다는 것을 알게 된다. 먼 목표를 바라보고 착실하고 성실하게 살아가는 사람은 반드시 그에 상응하는 상이 내린다. 따라서 인생을 일시적으로 오늘의 현상만 보지 말고 긴 안목으로 바라볼 필요가 있다. 그리고 오늘 처한 불합리한 환경을 탓하기보다 더 노력하고 최선을 다할 필요가 있다.

남은 인생 현재의 환경이나 상황에 연연하지 말고 미래를 바라보고 내일을 위해 최선을 다해야 한다. 그러면 남은 삶은 더욱 보람 있고 가치 있게 살게 될 것이다.

3. 의미 없는 인생은 없다

    우리는 삶이 극한 상황에 이르렀을 때 삶에 대하여 본질적 인물음을 하게 된다. 또 사랑하는 사람이나 가까운 친지의 예기치 못한 죽음 앞에서 삶의 허무함을 느끼고 '인생이 진정 의미가 있는가, 의미가 있다면 무엇인가' 하는 생각을 하게 된다. 그 인생은 의미가 있고 보람과 무한한 가치가 있는 존재이다. 당신의 인생은 세상 무엇과도 바꿀 수 없는 가장 귀한 존재이다. 그런데 인생의 의미는 우연히 깨닫게 되는 것이 아니다. 그것은 인생에 대하여 깊은 성찰을 통해서 온다. 희망, 겸손, 기쁨, 감사함, 봉사하는 삶에 부수적으로 따라오는 깨달음이다.

    인생의 의미가 있다는 것을 깨달을 때 자신의 삶이 가치 있고, 보람 있다는 것을 인정하게 된다. 한 번뿐인 인생, 현재 당신의 위치가 어떻든, 삶의 수준이 어떻든 그 무엇보다도 귀한 존재이며, 이 세상에 태어날 때 목적이 있고, 그 목적을 이루라고, 사명을 가지고 태어났다는 것을 인정하게 된다.

삶에 의미를 부여할 때 살아갈 의욕과 무엇을 해보겠다는 도전정신이 생긴다.

삶에 의미를 부여하기로 결심하는 순간부터 삶은 더욱 가치 있고 지금보다도 더 멋진 삶을 살 수 있다. 그리고 보다 더 아름다운 미래를 위해 도전하게 된다.

장애를 무릅쓰고 세상의 중심에 우뚝 서다

앨리슨 래퍼는 불구의 몸으로 태어났다. 그녀는 선천적으로 두 팔이 아예 없고 허벅지 아래 바로 발바닥이 붙은 해표지중(팔다리가 물개처럼 짧아지는 증세)이란 장애를 갖고 있었다. 더욱이 생후 6주 만에 부모에게 버림받아 보육원에서 자라야 했다. 한참 부모의 사랑을 받아야 할 나이에 그녀는 사랑 대신 친구들로부터 괴물이라고 놀림을 받고 멸시를 당해야 했다. 눈물을 흘리지 않는 날이 없을 정도였다. 자신보다 더 불행한 사람은 없을 것이라고 생각했다. 참으로 불공평한 인생에 대해서 분노를 느끼기도 했다.

그러던 어느 날부터인가 그녀는 더 이상 눈물을 흘리지 않았다. 운다고 인생이 바뀌는 것도 아니고 그렇다고 누가 도움을 주는 것도 아니란 사실을 알게 되었기 때문이다. 울면 울수록 자신만 더 약해지고 사람들의 놀림감이 될 게 뻔했다. 인생이란 힘들다는 것을 깨달았다. 그녀는 자신의 모든 것을 사랑했다. 불구인 몸도, 비참한 운명도 사랑했다. 그리고 모든 일을 적극적으로 했다. 먼저 자신이 가장 잘할 수 있는 일을 찾았다. 바로 미술이었다. 그녀는 입과 발로 그림을 그리기 시작했다. 그것만으로도 충분히 사람들의 주목을 받기에 충분했다.

그녀는 그림으로 자신의 생각과 마음을 표현했고, 사람들은 그녀의 작품에 열광하고 감동했다. 이에 그녀는 더 이상 놀림 감이 되지 않았고, 미술대학에 입학까지 할 수 있게 되었다. 하지만 그게 다가 아니었다. 시간이 지날수록 그녀의 적극성은 더 강렬해졌다. 불편한 의수와 의족을 과감하게 벗어던졌고 심지어 자신의 장애를 작품의 소재로 삼기도 했다. 그 때 그녀의 나이 50대였다.

4. 누구에게나 고난과 시련은 찾아온다

우리는 주위에서 잘 나가는 사람을 보면 '그 사람은 운이 좋다.'고 말한다. 직장에서 동기로 입사했는데 얼마 안 되어 승승장구하여 이사직에 오르는가 하면 어떻게 재테크를 잘해서 남들은 십여 년이 걸려야 내 집을 장만하는데 몇 년도 안 되어서 근사한 아파트를 사서 집들이를 한다고 초청받았을 때 한편으로 부러우면서 그 사람은 운이 타고났다고 체념해 버린다.

반면에 운이 나쁘다고 생각하는 사람들은 거의가 살면서 감당하기 힘든 시련을 겪는다. 그리하여 운이 없다는 자신의 생각을 주위 사람들이 이해해주기를 은근히 바라고 있다.

그런데 우리가 간과해버리는 사실 하나가 있다. 즉 운이 좋다고 생각하는 사람들도 운이 나쁘다고 생각하는 사람들처럼 시련과 고난을 겪었다는 사실이다. 아니 오히려 더 큰 시련과 고통을 겪은 사람도 있다.

성공하는 사람들은 똑같이 시련과 고통을 겪었음에도 불구하고 자신이 운이 좋다고 생각한다. 그 이유는 무엇일까? 그들은 원래 낙천적으로 태어났기 때문일까? 물론 천성적으로 낙천적인 사람도 없지 않다. 그보다는 그들은 힘든 상황을 겪을 때 절망하거나 좌절하지 않고 성공을 위해서 반드시 겪어야 할 과정이라고 생각했다. 그뿐만 아니라 그런 경험을 통해서 인생에 대한 시야를 넓히고, 인간으로서 배움을 깊게 하고, 삶의 질과 폭을 넓혔다.

성공하는 사람들은, 좋은 일이 생기면 물론 운이 좋았다고 생각한다. 그런데 그들은 좋지 않은 일도 긍정적으로 생각하고 건설적인 의미를 부여하기 위해서 노력한다. 그들은 역경을 통해서 삶의 지혜를 더 많이 얻을 수 있다고 생각했기 때문에 자신들이 운이 좋다고 생각하는 것이다.

올바른 자세가 좋은 운을 부른다

인생을 길게 바라볼 때, 운이 좋다고 생각하는 사람들이나 운이 나빴다고 생각하는 사람들이나 겪어온 상황은 비슷하다. 특별히 재벌의 아들딸로 태어난 특수층의 사람들을 제외하고는 말이다. 그런데 시련과 고통을 겪으면서 그것에 대해 의미를 부여하는 것에서는 큰 차이가 난다. 즉 후자들은 자신을 불운의 희생자라고 생각하는 반면에 전자는 그런 역경이 살아가면서 겪게 되는 과정의 하나라고 생각한다. 그들은 그 과정을 통해서 삶에 대해서 좀 더 진지하게 생각하고, 배우고 변화하는 기회로 생각하여 긍정적으로 받아들인다. 어떤 사람들은 그런 경험을 겪는 일에 대해서 오히려 감사하게 생각하기도 한다. 예를 들어서 사업에 실패하였을 때, 운이 나쁘다고 생각하는 사람들은 사업의 실패를 다른 사람이나 불황과 같은 외부적인 상황에 그 원인을 돌린다. 반면에 운이 좋다고 생각하는 사람들은 사업 실패의 원인을 자신의 준비 부족이나 비전의 결여 등 자전적으로 자신에게 돌린다. 어떤 일이 일어나도 운이 좋다고 생각하는 사람들과 그렇지 않은 사람들과는 무엇보다도 생각의 차이가 있다. 그러면 자신이 운이 좋았다고 생각하는 사람들의 생각의 특징은 무엇일까.

첫째, 긍정적인 마음자세를 갖는다.

운 좋은 사람들은 어떤 어려운 일이 닥쳐도 긍정적으로 생각하고 긍정적인 자세를 유지한다. 이들의 긍정적인 사고방식은 어려운 일이 닥쳤을 때 그 상황이 어떻게 해서 벌어졌는지 자문해 보고 그런 상황이 두 번 다시 일어나지 않도록 만반의 준비를 한다.

둘째, 실패로부터 배운다.

실패를 부끄럽게 생각하지 않으며 배움의 기회로 삼는다.

셋째, 남의 탓을 하지 않는다.

실패를 했을 경우 실패의 원인을 남의 탓으로 돌리지 않는다.그 대신 문제의 원인이 무엇인지 살핀 후 두 번 다시 그런 실패를 하지 않도록 노력한다.

넷째, 언제나 자신감을 유지한다.

항상 자신감에 넘쳐 있다. 이 자신감으로 어떤 어려운 상황이 닥쳐도 자신이 추구하던 목표를 바꾸거나 변경하지 않고 계속 밀고 나간다.

다섯째, 잘 참고 견디어 낸다. 끈기와 인내심이 있다. 따라서 시련이 닥쳐도 인내하고 참고견디어 낸다.

자신이 운이 좋다고 생각하는 사람들에게서 보이는 특성들을 종합해 보면 한 마디로 '자세'이다. 남은 삶을 보람있게 살기 위해서는 긍정적이고 적극적인 자세를 취해야 한다. 이런 자세는 당신이 의식적으로 자발적으로 선택할 수 있다. 이런 자세는 매 순간 직장에서나 여가 생활에서도 적용된다.

5. 쓸데없는 일로 고민하지 말라

이제 얼마 남지 않은 삶을 보다 행복하게 보내기 위해서는 고민이나 걱정을 하지 않는 평안한 마음을 가져야 한다. 걱정이나 고민이 있으면 정신적으로 고통을 느끼기 때문에 행복할 수 없다.

고민은 번뇌를 수반하고 삶에서 즐거움을 빼앗기 때문에 고민하지 않고 살아야 행복하다.

고민은 결단을 방해하고 삶을 두렵게 만든다. 나아가 우리의 삶을 부정적으로 만들며 모든 꿈으로부터 우리를 좌절하게 만든다. 문제는 적지 않은 사람들이 일어나지도 않은 일이나 아무 상관없는 고민을 하는 데 많은 시간을 할애하고 있다는 것이다. 그러나 쓸데없는 고민은 빨리 그만두는 것이 좋다.

뿐만 아니라 그런 쓸데없는 고민 외에도 어떤 형태의 고민이든 하지 않고 살아야 그 삶은 즐겁다. 그러면 남은 삶, 30년 혹은 40년을 어떻게 살아야 고민하지 않고 살 수 있을까? 살 수 있다면 그 방법은 무엇일까?

먼저 쓸데없는 고민이나 걱정은 하지 말아야 한다. 고민이나 걱정하지 않아도 되는 일에 대해서 걱정하지 말아야 한다.

사람들은 일정한 때가 되면 크건 작건 화려한 꿈을 꾼다. 그 꿈이 차가운 현실과 부딪칠 때 고민은 화려하게 꽃을 피운다. 그런 의미에서 만일 지금 당신이 고민중이라면 그건 당신이 원하는 어떤 것이 마음대로 안 되고 있다는 반증이다. 따라서 어떤 형태의 고민이든지 하지 않고 살아야 그 삶은 즐겁다.

그러면 남은 삶, 30년 혹은 40년을 어떻게 살아야 고민하지 않고 살 수 있을까? 살 수 있다면 그 방법은 무엇일까?

보잘것없었던 불행한 청년시절을 보냈고, 희망이라고는 전혀 없었던 사람, 게다가 자신의 직업을 경멸하면서도 생계를 위해 어쩔 수 없이 다녔던 불행한 사람, 그는 바로 우리가 '성공학의 대가'라고 부르는 데일 카네기의 젊은 시절이었다.

그는 자신의 젊은 시절을 가리켜 "한낱 보잘것없었던 불행한 시절"이었다고 고백한 바 있다. 충격적이라고 할 수 있다. '최고의 성공학의 대가'로 불리는 그가 누구보다도 더 불행한 청년시절을 보냈다는 것은 도저히 이해되지 않을 것이다. 그러나 사실이다. 한때 그는 생활고로 인해 트럭 세일즈맨으로 일하기도 했다. 하지만 트럭에는 전혀 관심이 없었다. 심지어 그 직업을 경멸했다. 그러다 보니 그의 생활에 희망이라곤 없었다. 재미없는 일과를 마치고 시름에 빠져 돌아온 자취방 역시 그를 좌절시켰다. 허름한 자취방은 진드기와 각종 바퀴벌레들로 득실거렸다. 그 즈음 그의 고민이 얼마나 심각했는지 그의 얘기를 들어보자.

"그 시절, 나는 학창 시절의 꿈이 수포로 돌아가 반항을 하고 있었다. 그래서 누구든지 붙잡고 이것이 인생이냐고 묻고 싶었다. 마음에 없는 일을 해야 하고, 진드기와 같이 살며, 입에 맞지 않는 음식을 먹어야 하며, 아무런 희망이 없는… . 이것이 진정 내 인생의 전부냐고?"

젊은 날의 그 역시 지금의 우리와 똑같은 고민을 했던 셈이다. 단, 다른 점이 하나 있다. 우리 대부분이 삶의 무게에 짓눌린 나머지 삶을 포기하는 것과 달리 그는 새로운 삶을 꿈꾸었다는 것이다.

카네기는 스물다섯에 인생을 다시 쓰기로 결심했다. 이에 더이상 자신을 경멸하지 않았고, 학창 시절 가졌던 꿈을 실천하고자 노력했다. 그것이 자신에게 득이 되었으면 되었지 결코 손해는 보지 않을 것이라고 생각했기 때문이다. 그때부터 그는 자신의 삶을 응원하기 시작했다. 싫은 일은 과감히 그만두었고, 초심으로 돌아가 모든 일에 정열적으로 매달렸다.

〈카네기 성공학〉은 그런 결단의 산물이라고 할 수 있다. 그는 그 시절 '결단의 순간'을 가리켜 숱한 '고민의 순간'이었다고 말한 바 있다.

카네기는 삶의 가장 비극적인 일 중 하나를 '도피'라고 말한 바 있다.

"사람들은 스스로 싸우지 않고, 일단 벗어나려고 한다." 즉 고민이나 걱정거리 되는 일을 '도피'하려고 한다는 것이다.

하지만 한순간 편하기 위한 도피가 삶을 망칠 수도 있다고 그는 경고하고 있다.

"삶이란 도망가는 게 아니라 그날 그 시간에 모든 문제와 마주치며 살아가는 것이다."

고민을 해결하는 방법

그는 지난날의 자신의 경험을 토대로 지금 고민에 빠진 사람들에게 그만의 고민 탈출 방법을 전달하고 있다. 이제 들어보자.

첫째, 있을 수 있는 최악의 일은 무엇인가? 스스로에게 묻는다.

둘째, 도저히 피할 수 없는 일이라면 최악의 사태를 받아들일 준비를 한다.

마지막으로, 침착하게 최악의 사태를 변화시켜 나간다.

카네기가 제시한 고민과 싸워 이길 수 있는 방법은 다음과 같다. 즉 먼저, 무엇에 대해 고민하는가를 자세히 기록한 후(무엇이 문제이며, 그 원인은 과연 무엇인가?), 자신이 취할 수 있는 방법(해결법)을 기록한다. 그 후 무엇을 할 것인지 결정하고, 그 결정을 바로 실행에 옮긴다. 그의 고민 타파법은 단순하면서도 명료하다. 지금 우리가 두려워하는 고민들도 위 4단계의 어느 선에 머물러 있을 것이다. 그때마다 그의 고민 해결법을 착실히 따른다면 누구나 고민과 싸워 이길 수 있다.

그는 쓸데없이 고민하는 습관이야말로 인생을 망치는 가장 큰병 중의 하나라며, 여전히 고민하는 사람들에게 다음과 같이 경고하고 있다.

"고민이 당신을 좀먹게 하지 마라. 평균율의 법칙에 따르면, 지금 당신이 하고 있는 대부분의 고민은 결코 일어나지 않는다." 대부분의 고민은 결코 일어나지 않는 일에 대한 고민이므로 쓸데없이 그런 고민으로 마음과 정신, 그리고 육체를 병들게 하지 말라는 것이다.

6. 가급적 화를 내지 않는다

    살다 보면 매일 화나고 분노하게 만드는 상황에 마주치게 된다. 그런 상황에 대처하는 방법은 원인이 무엇이냐에 따라 매우 다양하다. 아주 잠깐 화가 났다가 금방 풀어지는 경우도 있을 것이다. 이럴 때는 사실 화가 난 이유가 그리 심각하지 않기에 쉽게 대응할 수 있다.

    화가 났을 때 문제는 화풀이는 제3자에게 한다는 점이다. 우리 속담에 '동대문에서 뺨맞고 남대문에서 화풀이 한다.'는 말이 있듯이, 그 상황이나 일과 관계없는 애꿎은 사람에게 화풀이를 한다. 회사에서 상사로부터 야단을 맞고 집에 가서 아내나 아이들에게 화를 내는 일 등이 좋은 예이다.

    "화를 내기는 쉽다. 그러나 올바른 상대에게, 적당하게, 적당한 시기에, 적당한 목적으로, 적당하게 화를 내는 것은 어렵다." 아리스토텔레스의 말이다. 화를 내어야 할 타당한 상대에게 적당하게 화를 내기가 쉽지 않다는 말이다.

일상생활에서도 가슴 깊은 곳에 억제되어 있는 분노를 밖으로 분출하게 만드는 상황이 일어난다. 이러한 분노는 일시적인 화와는 달리 쉽게 분출하지도 않지만, 또 쉽게 사라지지 않고 하루 종일 지속될 수도 있다. 이럴 경우에는 자기 감정의 한계까지 치달아 더 이상 견딜 수 없다고 느끼며 어떻게 행동해야 할지 모르게 된다. 그 결과 가슴이 뛰거나 눈이 잘 안 보이고, 호흡이 어려우며, 편두통이 시작되는 등 신체가 심각한 반응을 보일 수도 있다.

물론 일시적으로 화가 난 경우에도 이런 신체적 반응이 드러날 수 있지만, 쉽게 사라지기 때문에 큰 문제가 되지 않는다.

이렇게 분노가 강력한 모습으로 나타난다면 그 원인은 대부분 어린 시절에서 찾을 수 있다. 현재 일어난 상황을 통해 가슴 깊은 곳에 자리잡고 있는 먼 옛날의 기억이 되살아나는 것이다. 이런 경우에는 분노와 더불어 두려움이나 무기력함을 느낀다. 다음의 예를 살펴보자.

몸이 아파서 병원에 다급하게 갔을 때 다행히 병원 주차장에 자리가 하나 비어 있다. 기분 좋게 깜빡이를 켜고 빈 자리로 차를 몰고 갔다. 그런데 후진하는 순간 오른쪽에서 승용차가 하나 오더니 코앞에서 주차 자리를 채가 버리고 말았다. 어이가 없어 불같이 화가 치밀었다. 차에서 내려 다른 차 운전자를 향해 욕을 퍼부었다. 그런데 그 운전자는 아무런 반응도 보이지 않고 그저 주차만 하고 사라졌다.

이런 경우 회의가 기다리고 있고 다른 일도 해야 하므로 오랫동안 화를 내고 있을 시간이 없다. 이제 어떻게 해야 할까? 정말 지독하게 화가 난 경우라면 일단 화라는 강력한 에너지를 외부로 발산하고, 자기 자신을 조절할 수 있기 위해 몇 가지 조치를 취하도록 한다. 깊은 숨을 쉰다. 몇 차례 깊게 숨을 들이마시고 난 후 배 위에 한 손을 얹는다.

속으로, 혼자 하는 말로 화를 표현한다. 예를 들어 '화가 나서 죽겠어!'라든지, '돌아버리겠네!'라든지, 혹은 '속이 끓어 미치겠다!'라고 속으로 말해본다. 무슨 생각을 골똘히 하고 있는지 아무도 눈치채지 못할 것이다. 비록 소리를 내지 않지만 이렇게 자신의 화를 분출시키면 훨씬 기분이 좋아질 것이다.

가능하다면 화가 난 그 자리를 떠나도록 한다. 잠깐 화장실을 다녀온다고 누가 뭐랄 사람은 없을 것이다. 거울 앞에 서서 인상을 한번 찌푸려 보도록 한다. 혀를 쑥 내밀어도 보고, 이를 내보이기도 하고, 주먹을 쥐고 으르렁거리며 괴성도 질러 보도록 한다.

그러면서 화를 북돋은 범인을 떠올린다. 마지막으로, 자리로 돌아가기 직전에 심호흡을 몇 차례 한다.

기회가 된다면 막힌 공간을 찾아 이렇게 해볼 수도 있다. 그릇을 집어던지거나 나무를 패거나 종이를 찢는다. 많은 사람들이 이런 방법으로 일시적인 화를 풀고 다시 마음의 평정을 찾기도 한다. 다만 이 방법을 쓸 때는 의식적이고 조심스럽게 하여 남에게 피해가 가지 않도록 해야 한다. 주위 여건이 허락하면 낡은 접시나 찻잔, 유리잔을 집어던져 박살 내고, 나무를 마구 패거나 낡은 전화번호부책을 갈기갈기 찢어버려도 좋다.

화를 푸는 가장 현명한 방법

그러나 이렇게 화를 표출하는 방법보다 더 현명한 방법이 있다. 상대의 입장에서 생각해 보는 여유를 갖는 것이다. 화가 나게 한 상대는 왜 그런 상황을 만들었는지를 상대의 입장에서 생각해 본다. 이 방법은 자신의 감정도 상하지 않고 남에게 상처를 주지 않는 방법이다.

다음은 '뉴욕타임스'에 보도된 기사이다.

60대의 한 노 신사가 택시를 타고 뉴욕 변두리를 달리고 있었다. 얼마를 가다가 일방통행인 골목길에 도달했다. 그 때 마침 쓰레기차가 넘어져 청소부들이 차에 쓰레기를 싣고 있었다. 신사가 탄 택시기사는 화가 나서 클랙션을 계속 울리면서 소리를 지르고 있었다. 그러나 청소부들은 쓰레기를 차에 다시 싣는 방법 외에는 다른 방법이 없었다. 뒤따라오던 차들도 멈추어서서 요란하게 '빵빵'거리며 화를 내고 있었다.

그 때 택시 뒷좌석에 앉아 있던 손님은 화를 내거나 욕을 하지 않고 차에서 내려 청소부에게 작업복을 달라고 하여 걸쳤다. 주위 사람들이 무엇을 하는가 의아한 눈으로 쳐다보고 있었다. 그는 청소부와 함께 쓰레기를 차에 실었다. 얼마 안 있어 쓰레기는 모두 차에 실어졌고, 거리는 깨끗하게 되었다. 그 신사는 다시 택시에 타더니 기사를 독촉하여 목적지로 향해 달려갔다. 화가 날 상황에 이르러 이 택시 손님처럼 조금만 여유를 가지면 화를 발산하지 않고 해결하는 방법이 나온다. 화를 자신에게, 상대에게 또는 관계없는 제3자에게 푸는 것보다 조급함을 버리고 더 좋은 방법을 찾을 때 누구에게도 상처를 주지 않고 해결할 수 있는 지혜가 나온다.

7. 어느 누구에게나 상처를 주지 않는다

　우리는 살다가 의식적으로나 무의식적으로나 남에게 상처를 주는 언행을 하게 된다. 인간은 모두 불완전한 존재이기 때문이다. 우리는 아무런 생각 없이 한 말이나 행동이 상대에게는 큰 상처가 되는 경우가 많다.

　오바마 미국 대통령이 후보 시절 어느 날 자동차 공장을 방문했다. 그때 질문하는 여기자에게 아무런 생각 없이 '스위터'라고 불렀다. '스위터'란 말은 연인이나 친구 사이에 쓰는 말이지만 초면의 사람, 그것도 여기자에게 그런 말을 한 것은 성희롱에 해당되는 것이다. 오바마 대통령은 아무런 생각없이 그런 말을 한 것이다. 이런 사실을 늦게 안 오바마 대통령은 즉시 여기자에게 전화를 걸었다. 여기자가 전화를 받지 않자 음성메시지로 정중하게 사과를 했다.

　상처를 입은 또 다른 경우는 자신의 이론이 옳다고 주장하면서 자신의 이론이나 주장을 반박당했을 경우이다.

그런데 항상 잘하는 사람도 없고, 항상 맞는 사람은 더더욱 없다. 항상 자신이 맞는다고 생각하고 있는 사람을 대하는 것만으로도 기분이 나쁘다. 그의 교만이 누군가를 향해 있을 때 누군가는 상처를 받게 된다. 인간은 누구나 자신이 맞는다는 생각을 조금씩은 한다. 싸움의 변을 들어보면 잘못한 사람은 항상 아무도 없다.

알베르 까뮈와 프랑수아 모리아크는 프랑스 국민들로부터 가장 많은 존경을 받는 지성인이다. 이 두 작가는 세계 제2차 대전 당시 레지스탕스였다. 전쟁이 끝나자 나치 부역자들에 대한 청산 작업에서 두 사람의 의견은 극과 극이었다.

까뮈는 진실과 정의를 구현해야 한다는 입장에서 나치 부역자들에 대한 처벌을 강력히 주장했다.

반면 모리아크는 전쟁이라는 불가피한 상황에서 제기된 부역에 대해서 관용을 호소했다. 그러나 나치 치하에서 치를 떨었던 프랑스 국민들은 모리아크를 비난했다. 청산 작업 과정에서 1만 명 이상이 사형당했다.

그러는 과정에 모략과 중상이 남발하고, 억울한 희생자도 속출했다. 생계를 위해 어쩔 수 없이 독일군과 매춘 행위를 했던 여성들은 삭발을 당한 채 대낮에 시내에 끌려다니는 광경이 속출했다. 정의라는 이름의 광기가 무수한 희생자를 만들었다. 부조리의 작가 까뮈는 부역자들에게 불의라는 부조리는 보았지만 이렇게 참담하게 진행되는 집단의 부조리를 미처 생각지 못했던 것이다. 집단적인 광기가 극에 달하자 까뮈는 모리아크가 옳았고, 자신이 틀렸음을 고백하면서 모리아크에게 사과를 하였다.

까뮈의 진심 어린 사과는 프랑스 국민들의 마음을 움직여 마침내 광기의 집단적 처벌은 사라지게 되었다.

시간이 지나고 돌아보면 그 당시에는 몰랐던 잘못이 보인다.특히 남은 삶이 많지 않다고 느껴질 때까지 누군가에게 큰 피해나 상처를 입지 않았다면 자기 성찰로 족하다. 그러나 누군가에게 씻지 못할 상처를 입혔다면 그 즉시 사과를 해야 한다.

사과로 자신의 마음부터 편안해진다

사과에 어려움을 느끼는 사람이 의외로 많다. 사과를 하면 지는 것이라고 생각하기 때문이다. 따라서 즉시 사과하는 사람들은 참으로 용기 있는 사람들이다. 사과는 루저의 언어가 아니라 리더의 언어이다.

또한 사과를 하면 자신의 처지가 볼품없어질 것 같은 두려움을 갖고 있다. 그러나 당신으로 인해 상처받는 사람이 겪는 고통에 비하면 아무것도 아니다.

당신이 의도하지 않았으나 상처를 준 사람이 있으면 꼭 사과를 하고 상대방의 앙금을 풀어라. 상처는 자신이 부족해서 생기는 경우도 있지만 당신이 준 상처에 대해서는 책임을 져야 한다. 누군가에게 상처를 주어서 마음이 불편하다면 사과하는 것이 제일 좋다.

상처를 주고받는 데에는 수백 가지 넘는 이유가 있을 것이다. 그런데도 당신이 상처를 준 사람에게 용서를 구하는 것은 매우 훌륭한 행동이다. 그런 행동은 상처 입은 사람에게 극복할 수 있는 여지를 주는 방법으로 가장 효과적이다.

만일 당신이 진심에서 우러나는 사과를 하고 싶지 않거나 사과를 할 만한 일이 아니라고 생각했다면 "그 일로 인해 그렇게 상처를 받았다니 내 마음이 편치 않다. 빨리 극복했으면 좋겠다."는 정도의 말이나 마음을 보여주면 된다.

당신이 용서를 청하면 그가 옳고 당신이 잘못했다는 것처럼 보여서 불편할 수도 있다. 그러나 당신이 용서를 구하는 부분은 일어난 사실 전체에 대해서가 아니다.

홧김에 하고 싶은 말을 다 퍼부었다면 속은 시원하겠지만, 시간이 지나면서 마음이 불편해진다. 그러나 이미 해버린 말은 없어지지 않는다. 만일 당신이 생각해도 심한 말이었다면 들은 사람은 어떠했겠는가. 말 못할 상처를 받았을 것이다.

이런 경우 당연히 사과해야 한다. 그것도 빠른 시일 내에 사과해야 한다. 우리들 삶이 물리적으로 바뀌는 기적은 잘 일어나지 않는다. 다만 당신이 준 상처로 상대방이 괴로운 시간을 보내고 있다면 미안한 마음을 표현하거나 전달하는 것으로 기적은 조금씩 일어날 수 있다. 아무런 제스처도 하지 않고 있는 동안 상대방의 상처가 깊어지고 결국 나쁜 결과가 온다면 그것이야말로 가장 크게 후회하게 되는 일이다.

　죽기 전에, 아니 더 늦기 전에 반드시 해야 할 일은 상처를 주었으면 그 사람에게 사과를 하는 것이다. 그렇지 않으면 당신은 언젠가 후회하게 된다. 그 때는 이미 늦었다. 늦기 전 지금 즉시 사과를 하라.

　사과하는 방법으로는 상처를 준 사람을 직접 찾아가서 사과하는 것이 가장 좋은 방법이다. 그것이 어려우면 전화로 하라. 그것도 어려우면 편지를 써라. 진심으로 사과하는 마음을 담아서.

8. 감사하는 마음이 인생을 바꾼다

많은 사람들이 주장해 왔다.

세상을 바라보는 시선을 조금만 바꾸어도 삶의 많은 것이 변한다고 말이다. 삶이 바뀌는 과정에 애써 칼로리를 소모할 필요없고, 극적인 위험도 없으며 고통도 없다. 그저 세상을 바라보는 눈을 조금만 달리하면 인생이 바뀐다고 한다.

믿기 힘든 얘기지만, 우리 모두는 행복해질 수 있고 멋진 인생을 누릴 능력을 이미 가지고 있다. 나이와 종교, 직업, 재산등에 상관없이 그토록 바라는 만족스럽고 희망찬 삶을 살 수있는 도구를 갖추고 있다. 그러한 힘이 바로 말 한마디에서 시작된다.

"고마워요."

우리는 거의가 역경을 극복했거나 커다란 성취를 이룬 사람들이 말하는 "고마워요."의 기적을 전적으로 믿지 않는다. 그들이 진심으로 열린 표정으로 강조할 때마다 고개를 끄덕이며 찬동했지만, 마음속으로는 다른 생각을 하게 된다. 그걸 과학적으로 입증할 수 있을까? '적어도 자신이 그런 경험을 하기 전까지는 말이다.

식당 종업원으로 일하던 한 사람이 일을 하던 중 한 사건이 일어났다. 손님과 여종업원에게 실수를 했다가 말다툼이 벌어진 것이다. 그날 저녁 전종업원을 불러놓고 사장은 다음과 같은 말을 하였다.

"첫째, 고객에게 진심으로 감사하라. 둘째, 고객이 우리에게 월급을 준다. 그것만으로도 감사의 이유는 충분하다. 셋째, 고객이 있기에 우리가 즐겁다. 고객에게 진심으로 감사할수록 나의 미래가 밝다."

그 종업원은 그때부터 그 말을 밤낮 외우면서 고객과의 문제가 생길 때마다 그것을 실천하려고 노력하였다. 그 결과 그는 매니저로 승진했고, 오늘날 독립하여 뉴욕에서 몇 번째로 손꼽히는 큰 식당을 운영하고 있다. 그것은 오로지 종업원으로 있을 때 사장으로부터 들은 '감사하라'는 말을 실천했기 때문이다. 감사하다는 말 한 마디가 그의 인생을 바꾸어 놓은 것이다.

점차 줄어드는 고마움을 표현하는 말

'고맙다'고 말하고 사는 것은, 매사에 불평불만을 하면서 사는 사람보다 확실히 즐겁고 행복하게 살아가는 것임에는 분명하다. 그런데 오늘날 고마움을 표시하는 사람의 수는 날이 갈수록 줄어드는 추세이다. 감사해야 할 대상이 없어서가 아니다.

21세기를 살아가는 미국 사람들은 인류 역사상 최고 수준의 삶을 누리고 있다. 사람들은 더 고급스러운 차와 더욱 품질 좋은 물건을 구입할 수 있게 되었다. 더 안락하고 편안한 삶을 누리고 있다. 하지만 그런 것들이 행복으로 직접적으로 연결된다고 자신 있게 말할 수 있을까?

전문기관의 한 조사에 의하면, '행복하다'고 답변하는 미국인의 수는 50년 전에 35퍼센트였으나 지금은 30퍼센트로 줄어들었다고 한다. 50년 전과 비교하면 엄청난 물질적 풍요를 누리고 있음에도 말이다.